政治行動論

有権者は政治を変えられるのか

POLITICAL BEHAVIOR

著・飯田　健
　松林哲也
　大村華子

有斐閣ストゥディア

はしがき

　2015年9月19日金曜日未明，安全保障関連法案が参議院本会議で賛成多数で可決され，成立した。与党が参議院で過半数の議席を持っていることを踏まえると，これは当然予測された結果であった。ところが，NHKなどマスコミ各社の全国世論調査によると，この国会会期中での安全保障関連法案の成立に反対する人々の割合は，賛成のそれを一貫して上回っていた。つまり，日本に住む多くの人々はこの法案の成立を望んでいなかった可能性が高い。これは，深夜にもかかわらず，採決の瞬間に国会前に集結した多くの人々の抗議の声にも現れている。人々はコールを繰り返す──「民主主義って何だ」。

　本書は代表民主制に関する本である。民主制の国では，国民1人ひとりが国の政治の決定権を持つ「主権者」とされるが，全員がどこかに集まって議論し，決定を行うことはいろいろな意味で現実的ではない。そこで現代国家は，代表民主制と呼ばれる仕組みに基づいて決定を下している。代表民主制では，人々は自らの意見を代表してくれる政治家を選挙で選び，その政治家が人々に代わって議会で議論し，人々のためにさまざまな政策を実施することが期待されている。

　代表民主制において人々が自分たちの意見を政治に反映させるための最も重要な手段は，何と言っても選挙で投票し，政治家を選ぶことである。世論調査の結果やデモの参加者数は重要だが，それらはあくまで人々の意見を測る1つの目安にすぎない。したがって，選挙で選ばれた政治家の決定は当然重い。しかし，上で示した例のように，いったん選挙で選ばれた政治家が必ずしも多くの人々の意見に従っていないようにも見える状況がしばしば生じる。極端な場合，「有権者は選挙のときだけ王様で，後は奴隷である」などと言われたりもする。

　なぜこのようなことが起こるのであろうか。人々に選ばれた政治家が，人々の意見を無視して良いはずがない。いったいどうすれば，政治家が，常に人々の意見に耳を傾け，それに従って政策を実行するような状況を生み出すことが

i

できるのであろうか。どうすれば人々は政治に対して影響力を発揮し，必要なら政治を変えることができるのだろうか。

　本書は，この問いかけからもわかるように，代表民主制の主人公である私たちの視点から書かれている。代表民主制が抱える問題を，みなさんがあくまでも自分のこととして考える際の良き「ガイド」となるよう意図されている。人々の意見を政治に反映させるために，また政治家が人々の意に背くようなことをしないようにするために，いったい自分は何ができるのか。本書が政治行動論という学問分野の学習のみならず，主権者としてのみなさんがこれらの問題について自分なりの答えを見つけるのに役立てば幸いである。

　こうした目的を達成するために，本書は3つのことを特に意識した。第1に，ストーリー性を重視するということである。教科書といえば，しばしば各章が独立した話として書かれており，ややもすれば全体としての統一感が欠けるきらいがある。これは時として読みにくい。一方で，小説のようにストーリーがある本は読みやすい。そこで本書では，各章を全く別のトピックとして扱うのではなく，一連の大きなストーリーの中に落とし込むことで，できるだけ読みやすくなるように心がけた。つまり，各章ともそれ以前の章の「続き」として読むことができる。ただ，もちろん各章それぞれを独立して読むこともできる。

　第2に，本書で特に意識したこととして，データを豊富に使うということがある。本書をパラパラめくってもらうと，たくさんの図表があることがわかるだろう。これらはすべて本書で紹介する主張の「証拠」となるものである。単に学説を紹介するだけなら，みなさんは「本当にそうなのか」と疑問を感じるかもしれない。反対に，「大学の先生が書いているのだからきっとそうに違いない」と証拠もなしに信じるのも良くない。本書ではこのいずれにもならないように，学説の紹介だけにとどまらず，実際それらがどの程度日本や他の国に当てはまるのかを確かめるため，実例としての簡単なデータ分析の結果を多数示した。

　最後に，本書はあくまでも入門書でありながら，その内容はけっこう専門的である。これでも極力減らしたのだが，各章末の参照文献リストはほとんど英語の本や論文である。これは何も筆者たちが「英語かぶれ，アメリカかぶれ」であるからというだけではなく，政治行動論あるいは代表民主制の実証的研究

の本場がアメリカであり，その研究蓄積が最も進んでいるからということが大きい。本書ではこうした研究の成果を，できるだけ平易に取り入れ解説するように努めた。本書で取り扱われている内容は少なくともアメリカではスタンダードである。

とはいえ，初学者の方にいきなり各章末の英語の文献を読んでください，と言うのはあまり現実的ではないので，巻末の読書案内に，今後読み進めるべき日本語で書かれた文献を記載した。関心のある方はぜひ本書を読んだ後に，これらにも目を通していただきたい。

本書は，われわれ3人による分担執筆ではなく，完全共著である。執筆の過程では，お互い議論を戦わせ，疑問をぶつけあい，修正を重ねていった。約1年間，2か月に1回のペースでミーティングが開かれたが，有斐閣の岡山義信さん，岩田拓也さんにはそれらに根気よくお付き合いいただき，手際よく本書を完成へと導いていただいた。また，西澤由隆先生（同志社大学），待鳥聡史先生（京都大学），善教将大先生（関西学院大学）には，お忙しい中，本書の原稿を詳細にお読みいただいた上，有益なコメントおよび建設的な批判を頂戴した（にもかかわらず，それらを反映しきれていない部分が多々あるが，それはすべてわれわれの責任である）。最後に，本書の執筆の過程で一部，同志社大学アメリカ研究所の支援を受けている。ここに記して，これらの方々に感謝申し上げたい。

2015年10月

飯田健・松林哲也・大村華子

著者紹介

飯 田　健（いいだ　たけし）

現職：同志社大学法学部准教授

略歴：1976 年生まれ。2007 年，テキサス大学オースティン校大学院政治学部博士課程修了，Ph. D. in Government

研究分野：政治行動論，政治学方法論

主な著作：『投票行動研究のフロンティア』（共編著，おうふう，2009 年）；『2009 年，なぜ政権交代だったのか――読売・早稲田の共同調査で読みとく日本政治の転換』（共著，勁草書房，2009 年）；『計量政治分析』（共立出版，2013 年）

松 林　哲 也（まつばやし　てつや）

現職：大阪大学大学院国際公共政策研究科准教授

略歴：1977 年生まれ。2007 年，テキサス A&M 大学大学院政治学部博士課程修了，Ph. D.（政治学）

研究分野：政治行動論，政治的代表論，アメリカ政治，自殺対策

主な著作："Do Politicians Shape Public Opinion?" *British Journal of Political Science*, 43(2): 451-478, 2013；『自殺のない社会へ――経済学・政治学からのエビデンスに基づくアプローチ』（共著，有斐閣，2013 年，日経・経済図書文化賞受賞）；"Social Protest and Policy Attitudes: The Case of the 2006 Immigrant Rallies."（共著）*American Journal of Political Science*, 59(2): 390-402, 2015

大 村　華 子（おおむら　はなこ）

現職：関西学院大学総合政策学部准教授

略歴：1980 年生まれ。2011 年，京都大学大学院法学研究科博士後期課程修了，京都大学博士（法学）

研究分野：政治行動論，比較政治学

主な著作：「選挙アカウンタビリティの実証分析――現代の日本政治を事例として」高橋百合子編『アカウンタビリティ改革の政治学』（有斐閣，2015 年），83-111 頁；「戦後日本の政党のコミットメントと世論――世論と政党の政策をめぐる 2 つの問いの検証」『選挙研究』26(2)，104-119 頁，2012 年；『日本のマクロ政体――現代日本における政治代表の動態分析』（木鐸社，2012 年）

目　次

はしがき ……………………………………………………………………… i

CHAPTER 序　政治行動論とは　　1

1　はじめに ……………………………………………………… 2
2　本書の特徴 …………………………………………………… 3
3　政治と代表民主制 …………………………………………… 4
4　代表民主制と応答性 ………………………………………… 6
5　応答性と選挙 ………………………………………………… 10
6　応答性の確保と有権者の役割 ……………………………… 12
7　本書の構成 …………………………………………………… 14

第 1 部　民意の実態

CHAPTER 1　民意の分布と形成　　18

1　はじめに ……………………………………………………… 19
2　民意とは何か ………………………………………………… 20
3　民意の分布と推移 …………………………………………… 21
4　民意の形成 …………………………………………………… 28
5　経済的ニーズと福祉政策をめぐる民意 …………………… 32
6　民意の対立と応答性 ………………………………………… 34

Column ❶　世論調査の方法と結果の解釈　35

v

CHAPTER 2　有権者の政治知識と判断　38

1　はじめに ……………………………………… 39

2　政治における有権者のジレンマ ……………… 40

3　日本の有権者の政治知識量 …………………… 41

4　政治知識量と政治判断 ………………………… 46

5　政治知識量の格差 ……………………………… 48

6　政治判断の手がかり …………………………… 50

CHAPTER 3　党派性とイデオロギー　53

1　はじめに ……………………………………… 54

2　党派性とは何か ………………………………… 55

3　手がかりとしての党派性 ……………………… 58

4　イデオロギーとは何か ………………………… 62

5　手がかりとしてのイデオロギー ……………… 64

6　無党派層の増大と脱イデオロギー化 ………… 67

第2部　民意と選挙

CHAPTER 4　投票参加　74

1　はじめに ……………………………………… 75

2　投票参加の実態 ………………………………… 76

3　投票参加の利益 ………………………………… 78

4	投票参加のコスト	80
5	有権者の特徴と投票参加	82
6	1票の重みと投票しないパラドックス	84
7	投票参加と政策	85

Column ❷　投票外参加の実態　87

CHAPTER 5　投票選択　91

1	はじめに	92
2	投票選択の一例	92
3	4つの情報	94
4	支持する政党	95
5	政策争点に関する立場	97
6	政策争点，党派性，イデオロギー	99
7	候補者の属性	101
8	過去の業績	103
9	投票選択と応答性	107

CHAPTER 6　選挙と情報　109

1	はじめに	110
2	3つのチャンネル	111
3	情報源への接触	113
4	選挙キャンペーンとメディアの影響	115
5	社会的ネットワークの影響	122

Column ❸　有権者の政治知識を増やす新制度？——「ネット選挙運動」の導入　125

目　次　●　vii

第3部 民意と政策のつながり

CHAPTER 7 民意と経済　128

1 はじめに …………………………………………… 129
2 経済状態と与党への投票 …………………………… 130
3 与党の景気対策と選挙のタイミング ……………… 133
4 政治的景気循環 ……………………………………… 135
5 政治家と有権者の情報の非対称が克服される条件 ……… 139

CHAPTER 8 民意と政策　143

1 はじめに …………………………………………… 144
2 民意と政治家 ………………………………………… 145
3 政策分野による違い ………………………………… 150
4 民意と政党 …………………………………………… 151
5 民意と政策 …………………………………………… 154
6 民意に対する政府の応答性が高まる条件 ………… 158

CHAPTER 9 選挙制度の影響　160

1 はじめに …………………………………………… 161
2 選挙制度による結果の違い ………………………… 161
3 選挙区定数と有権者 ………………………………… 163
4 選挙制度の類型 ……………………………………… 166

5	選挙制度と投票率	167
6	選挙制度と政党数・候補者数	169
7	選挙制度と意見の多様性	170
8	選挙制度と民意の集約	173

> **Column ❹** 選挙権の拡大と若者の投票率　175

有権者は政治を変えられるのか　179

1	はじめに	180
2	有権者の行動と政治家・政府の応答性	181
3	代表民主制と有権者	185

読書案内 …………………………………………………… 189
本書で用いた主なデータの説明 ………………………… 192
索　　引 …………………………………………………… 196

　刊行後の追加情報などは以下のウェブサポートページで提供する予定です。
　http://www.yuhikaku.co.jp/static/studia_ws/index.html
　このウェブサポートページでは，本書をテキストとしてご利用いただく先生方に向けた情報・資料なども掲載していきます。

本書のコピー，スキャン，デジタル化等の無断複製は著作権法上での例外を
除き禁じられています。本書を代行業者等の第三者に依頼してスキャンや
デジタル化することは，たとえ個人や家庭内での利用でも著作権法違反です。

CHAPTER

序章

政治行動論とは

OVERVIEW

　この章では，「政治」「代表民主制」「有権者」「政府」といったキーワードを紹介しながら，政治行動論を学ぶ目的を明らかにする。私たちは選挙を通じて，税金の使われ方，教育や環境問題などについて自分たちの望みを実現してくれそうな政府を選ぶ。選ばれた政府は，私たちの意見を考慮しながら各問題に対処するための政策を作る。このような民主的な政策決定の仕組みは本当にうまく機能しているのだろうか，つまり私たちは政府を通じて本当に自分たちの望みを政策として実現できているのだろうか。

1 はじめに

　日本に住む私たちはさまざまなかたちで**政治**と関わる。その最もわかりやすい例は選挙における投票だろう。例えば，国会議員を選ぶ国政選挙が実施されると，多くの人々が投票所に足を運んで，これだと思う候補者や政党に1票を投じる。2014年の衆議院議員総選挙の場合，投票率は約53%だったが，これは日本全国で5500万人ほどが投票したことを意味する。国政選挙や市町村議会議員などを選ぶ地方選挙は少なくとも数年に1度は実施されるので，そのたびに多くの人々が選挙を通じて政治に関わることになる。みなさんの中にも，すでに国政選挙や地方選挙での投票を経験した人がいるかもしれないが，それは投票を通じて政治との関わりを持ったことを意味する。

　もちろん選挙での投票は政治への関わり方の一例にすぎない。署名活動や街頭での抗議活動に参加することも政治に関わる手段の1つである。選挙期間中に候補者や政党に関して家族や友人と会話を交わしたり，新聞やインターネットで情報収集したりすることも含めることができる。また，政府が新しい政策の導入を検討しているという報道に接して「自分は政府の案に賛成だ／反対だ」と考えたり，他国との外交交渉における政府の対応に不満を覚えたりすることがあるが，政策や政府について私たちが意見を持つことも政治に関わることだと見なしてもいいだろう。

　これらの例から，私たちはさまざまなかたちで政治と接点を持つことがわかる。では私たちの中で誰がどの程度の頻度で投票するのだろうか。政党や政策について私たちはどれくらいの知識を持っているのだろうか。選挙の際に私たちはどうやってこれだと思える候補者や政党を選び出すのだろうか。消費税増税や憲法改正といった重要な争点について私たちの中でどれくらいの人々が賛成しているのだろうか，また賛成や反対という気持ちはどこから来るのだろうか。そして，政治に積極的に関わることで，私たちはいったい何を得ることができるのだろうか。

　このような疑問に答えることを目的とするのが**政治行動論**という研究分野で

2 ● CHAPTER 序　政治行動論とは

ある。政治行動論は，選挙への参加や候補者の選択など私たちの「行為」だけでなく，私たちが持つ「感情」（候補者や政策に関する好き嫌い）や「認知」（候補者や政策に関する知識や理解）も研究の対象に含める。それらに加えて，私たちが政治に関わることによって起こる政策や社会の変化も政治行動論の研究対象である。

本書の特徴

　本書は，過去数十年間に蓄積されてきた政治行動論の知見を初学者にわかりやすいかたちで紹介していく。ここで，この教科書の3つの特徴を説明しておこう。

　1つ目の特徴は，本書が紹介する内容である。政治行動論は政治学の中では比較的歴史の長い分野で，幅広い内容に関して研究が行われてきた。そのため，入門レベルの教科書の中で政治行動論が取り扱うすべての内容を紹介することは難しい。あれもこれもとさまざまな内容を紹介することで，政治行動論を初めて学ぶみなさんを「政治行動論を学ぶ意味っていったい何だろう，この章の内容と別の章の内容はどう関連しているのだろう」と混乱させてしまうかもしれない。そこで，本書は「私たちは政治を通じて自分たちの望みを実現できているのか」という問いを中心に据え，この問いと直接に関連するトピックのみを紹介していく。

　2つ目の特徴は，データを重視するということである。本書では民主社会における私たち**有権者**の役割に関してさまざまな問いを設定するが，それらの問いにはデータに基づいた解答を用意する。投票を例にとってみると，「国政選挙ではどれくらいの人々が投票に参加するのか」「若者と高齢者では投票率が違うのか」「ではなぜ年齢によって投票率が異なるのか」といった疑問に対し，投票率や世論調査データのような客観的な情報に基づいた解答を探る。

　3つ目の特徴は，政治における私たちの役割を常に意識しながら政治行動論の中身を紹介していくという点にある。後ほど詳しく説明するが，民主社会において政治を動かしていくのは私たち自身である。ところが，私たちが政治に

関して何かを考える際には，当事者としての視点が抜けてしまい，自分たちとは直接関わりのない人物や制度を議論の対象にしているように思えることがある。例えば，政治という言葉を聞いたとき，みなさんの頭の中には何が思い浮かぶだろうか。それは「首相」だったり，「国会議員」「政党」「官僚」「マスコミ」「選挙」といった言葉かもしれない。一方で，政治における最も重要なアクター（行為者）である「有権者」という言葉，つまり私たち自身を思い浮かべた人は少ないのではないだろうか。日本のような民主社会において政治の主役は私たちなのだが，自分たちが政治的決定の当事者であることを忘れがちである。

　そこで本書では，私たちが政治の世界においてどのような役割を担っているのかをたびたび強調する。政治は私たちの生活と密接に結びついており，政府によって実行される税，労働，教育，社会保障，医療などのさまざまな分野の政策は日々の生活に直接的に影響を与える。そこで，自分や家族，そして社会にとって望ましい政策を実現するために，いったい私たちはどのような行動を取るべきなのか各自が考えなければならない。本書は学問的視点から政治行動の実態を理解するだけでなく，私たちが社会の一員として「自分は政治とどのように関わっていけばいいのか，そして自分と家族，ひいては社会にとって望ましい政策を実現するためには何ができるのか」ということを考えるきっかけを提供する。

3 政治と代表民主制

　まず，政治とはいったい何を意味するのかを考えることからはじめよう。政治の意味についてはいろいろな解釈が存在するが，本書では「政治とは誰が何をいつどのように獲得するかである（Politics is who gets what, when, and how）」（Lasswell 1936）と定義する。この定義から，政治とは「私たちにとって価値のあるものを，誰がどれくらい受け取るのかを何らかのルールに基づいて決めることだ」と言うこともできる。

　私たちにとって価値のあるものの最もわかりやすい例はお金である。私たち

の社会では政治に関わるお金は税金として集められ，それが教育，医療，年金，防衛などの目的に使われる。税金を集める過程では，誰がどれだけの額を負担するのかを決めなければならない。所得税の場合であれば所得に応じた税率を課すのかどうか，消費税の場合であればその税率や対象品目を決めるのである。税金を使う過程では，どの目的にいくら使うのかを決める必要がある。例えば教育に対する配分額を増やすのであれば，それは若者がより多くの金銭の配分を受け取ることを意味する。このように，お金の場合であれば，金銭的な利益を誰がどの程度受け取るのかを決めることが政治なのである。

　私たちにとって価値のあるものはもちろんお金だけではない。何かをする権利を配分することも政治の一部である。例として，夫婦別姓の選択や投票の開始年齢の問題を考えてみよう。本書が書かれた2015年の時点で日本では夫婦が別の姓を名乗ることは法律上認められていない。もし別姓を選択する権利を認めるのであれば，それは政治を通じ法律の変更が必要になる。つまり夫婦別姓を選択する権利（価値）を，それを望む人々に配分する決定を下すことが政治ということになる。別の例として，投票権と年齢の問題を見てみよう。日本では最近まで20歳以上の日本国籍を持つ人々にのみ国政選挙や地方選挙で投票する権利が認められてきたが，2016年の選挙からはその年齢が18歳に引き下げられることになった。これは政治を通じて投票する権利（価値）を18歳や19歳の人々にも配分するということを意味している。

　ここまで，政治とは「誰が何を」を受け取るかを決めることだと説明してきた。これに加えて，政治では「誰がどんな過程を経て」決定を下すのかも重要である。独裁者が誰にも相談せずに1人で決めてしまうこともできるし，私たちがみんなで議論しながら決めることもできる。日本を含め現代の多くの国は，誰がどんな過程を経て決定を下すのかを定めるために**代表民主制**を採用している。代表民主制のもとで決定に参加できるのは有権者と呼ばれる人々である。有権者とは国や地域（都道府県や市町村）の一員で，各有権者は平等な資格（1人1票）を持つ。日本の場合だと，18歳以上の日本国籍を持つ人々が有権者である。

　次に，代表民主制のもとで決定が下される過程を見てみよう。有権者は税や権利といった価値の配分についての決定に参加する資格を持つのだが，その決

3　政治と代表民主制　● 5

定を直接下すわけではない。代表民主制のもとでは，有権者は自分たちの代表である少数の代理人たちを選出し，その代理人たちに最終決定の権利を委ねる。具体的には，決定の過程は2つの段階がある。1つ目は選挙で，各選挙区の有権者が投票を通じて複数の候補者の中から代理人を選ぶ。より多くの票を獲得した候補者が当選し，有権者の代理人として議席を得る。この代理人たちは政治家や議員と呼ばれ，政治的な意見を共有する政治家たちは1つの政党に属する。例えば，あらゆる税金をできるだけ減らすべきだと考えている政治家は，同じような意見を持つ政治家のいる政党に所属することが多い。

選挙に続く2つ目の過程は，政治家による政策決定である。選挙で選ばれた政治家たちは，議会に集まって有権者の代理人として税の配分や権利の付与について議論を行い，最終的に多数決により決定を下す。日本の場合，国全体の政治に関する決定を下すのが国会で，地域の政治に関する決定を下すのが都道府県議会や市町村議会である。議会内では政治家たちは個人で活動するのではなく，政党ごとにまとまって政党どうしで議論を進める。日本全国でより多くの有権者からの票を獲得し，議会内で多数の議席を有する政党が政府与党となり，この政府が中心となって税の配分や権利の付与に関する議論を行う。最終的には議会内で多数決によって決定を下すのであるが，与党が多数派であることから与党の提示した案が最終的な決定，つまり政策となる。

以上をまとめると，代表民主制における決定の過程は以下のようになる。

過程1【選挙】：選挙を通じて，有権者は自分たちの代表となる政治家を選ぶ。

過程2【政策決定】：当選した政治家たちは議会において討議を行う。議会内での討議は多数派となった政府与党を中心に進められる。議会内の多数の賛成を得た案（多くは政府与党の案）が最終的な決定となり，政策となる。

4. 代表民主制と応答性

前節では，政治とは税や権利といった価値の配分に関する決定を下すことであると定義し，そして決定の方法として多くの国では代表民主制を採用してい

6 ● CHAPTER 序 政治行動論とは

出所:筆者作成。

ることを紹介した。では代表民主制のもとではどのような過程を経て決定が下されるのかを具体例を使って見てみよう。

図序.1は代表民主制における政治の過程を簡略に示している。ここでは税の徴収,特に消費税についての政策を例として**図序.1**に示された過程を追ってみよう。有権者は消費税に関して増税か現状維持かの2つの選択肢を持っているとする。さまざまな理由によって増税に賛成の有権者もいれば,現状維持に賛成する有権者もいるだろう。こうした有権者の意見の集合体を民意と呼ぶ(図内①)。全有権者のうち何割が増税に賛成か,あるいは現状維持に賛成かを調べることで民意がどちらの案に傾いているかを知ることができる。

消費税の問題は私たちの生活にとって重要な問題であるから,有権者は自分の意見が政策として実現されることを望むはずである。そこで定期的に実施される選挙(②)の際に,各有権者は複数の候補者の中から自分の希望を実現してくれそうな政治家を自分の代表として選ぶ。候補者は消費税について同じ意見を持つ他の候補者たちとともに政党を作り,政党の公約として自分たちの考えを有権者に提示する。選挙では,増税に賛成する有権者は同様の主張をする政党やその候補者に,そして現状維持を求める有権者は自分と同じ意見を表明している政党やその候補者に投票するだろう。

選挙での勝者の決め方は選挙制度によって異なる。ここでは代表的な選挙制度の1つである小選挙区制に基づく勝者の決め方を紹介する。小選挙区制では国をいくつもの地域,つまり選挙区に分割して,選挙区ごとに多数決で勝者を決める。つまり,各選挙区では最も多くの票を得た候補者が当選し議席を得るのである。もし日本全国で現状維持を望む有権者が数多くいるのであれば,現状維持を主張する政党やその候補者が日本各地の選挙区で選ばれるはずである。その結果,現状維持を支持する政党が多数派となる議会ができる(③)。議席

の多数を占める政党を政府与党と呼ぶ。もちろん増税に賛成する政党の政治家も何人かは当選するかもしれないが，議会内では少数派となるだろう。

議会では政府与党を中心として，消費税の税率を上げることや据え置くことのメリットやデメリットを議論する。最終的に政治家たちは投票を行い，多数決のもとで消費税率の変更を行うかどうかを決定する。もし政治家が自分の政党の公約に忠実に投票したならば，つまり自分たちに投票してくれた有権者の民意を尊重したならば，現状維持に賛成する政党が議会内の多数派なので，現状維持が賛成多数となるだろう。よって，議会内での多数決の結果，消費税率は現状維持とするという案が可決され，政策として実行に移される。この政策決定は私たちの生活に影響を及ぼす（④）。

この例に描かれた決定の過程は，実は代表民主制という制度が理想的に機能している状態を描いている。理想的な状態とは，有権者の多くが望むことを政治家や政府が政策として忠実に実現している状態を意味する。代表民主制が理想的に機能しているこのような状態を，民意に対する政治家や政府の**政策応答性**が高いと呼ぶ。上記の例の場合，有権者の多くが望んだ消費税率の現状維持が議会により政策として実現されているので政策応答性が高いのである。

政策応答性の意味についてもう少し詳しく考えてみよう。上の例では有権者は増税か現状維持の2つの選択肢しか持たなかったが，ここでは各有権者は理想の消費税率を0％から20％の間で選べるとする。消費税が貧しい人々の生活に悪影響を与えると考える有権者は0％とか1％を選ぶだろうし，一方で消費税による税収で政府財政の立て直しが必要だと考える有権者は10％とか15％を選ぶかもしれない。もし多くの有権者が理想の消費税率として高い数値を選び，それに呼応して議会が消費税率を上げたとする。あるいは多くの有権者が低い消費税率を選び，政府がその望みを実現して消費税率を低く設定したとする。これらの状態を**図序.2**に示した。**図序.2**では横軸に多数の有権者が支持した消費税率，縦軸に議会が設定した実際の消費税率を示している。政策応答性が高いとき，理想の消費税率と実際の消費税率との間に図中の対角線のような関係が見られる。

1つ注意してほしいのは，政策応答性は全有権者に対して等しく高くなるわけではないということである。有権者が現状維持か減税の2つの選択肢を持つ

CHART 図序.2　政策応答性の例

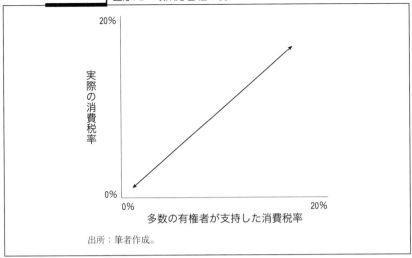

出所：筆者作成。

とした最初の例を使ってこの点を考えてみよう。この例では，消費税率の現状維持を求める有権者に対して政府の応答性は高いが，増税を求める有権者に対する応答性は低い。というのも最終的に現状維持という政策が採用されており，その政策は増税を求める有権者が望んだこととは一致しないからである。つまり政策応答性が高いというとき，議会の多数派を占める政党，つまり政府与党がその支持者（つまり多数派の有権者）に対して高い応答性を示していることを指すのである。

また，多数の有権者に対して政府の応答性が低くなるという状況も起こりうる。その原因として，政治家や政党が選挙で提示した公約を無視するということが考えられる。例えば消費税率を上げることに賛成する政党があるとしよう。この政党は有権者の多くが現状維持を望んでいることを知り，有権者の支持を得るために現状維持という公約を掲げ多くの議席を得たとする。この政党が議会では公約を翻して増税に賛成したならば，多くの有権者が望む政策が実現されなくなる。つまり政党が公約を無視することで，政策応答性が低くなる。

別の原因として，政治家が自分の私利私欲を追い求めるということも考えられる。例えば，政治家が政策形成に関わる権利を濫用して，政治家の近親者が経営する企業が政府の建設プロジェクトを独占できるような政策を作るといった状況を想像してほしい。この場合，政治家の私腹を肥やすための政策ができ

4　代表民主制と応答性

あがるが，それは多くの有権者が望んでいない政策が作られることを意味する。あるいは，政治家が当選後に議会内での議論や投票に参加せず，政治以外の活動に大部分の時間を割く場合（例えば企業経営やレジャーなど）にも，民意が政策に反映される可能性が低くなるだろう。こういったことが起こると，政策応答性は低くなる。

では代表民主制における有権者はどのようにして政策応答性が高い状態を保ち，自分たちの望みを政策として実現すればいいのだろうか。政策決定の権利を委ねる以上，政府が民意を無視して自分勝手に振る舞ったり全く努力しない政治家がいたりしても，有権者は黙ってそれを見ているしかないのだろうか。

⑤　応答性と選挙

代表民主制のもとでは，民意に対する政府の政策応答性を高める仕組みとして**選挙**が重要な役割を果たす。この理由を理解するために，選挙と政治家の関係に注目しよう。大多数の有権者にとって，選挙は自分の望みを叶えてくれそうな政治家を選ぶという目的のために存在する。一方，少数ではあるが自分が選挙に立候補して，政策決定に直接関与したいと望む有権者も存在する。この少数の有権者が政治家になるために，他の有権者の支持を求めて選挙に出る。これらの人々は自分の望む政策を実現し，また政治家として働くことで得られる金銭的な報酬や社会のリーダーとして働く満足感を得るために立候補する。

政治家がこのような目的を持っていることを考えると，多くの政治家は1度だけでなく，できるだけ何度も当選し長期間にわたり議員であることを望むはずである。選挙に負ければ政治家は「ただの人」であり，政策決定に関与するすべての権利や金銭的報酬を得る機会を失う。よって，選挙に勝ちたい，そして勝ち続けたいという望みは政治家の行動を縛る重要な動機だと言える。

公正に実施される選挙で当選する唯一の方法は，より多くの有権者の支持を獲得することである。そのために政治家ができることは2つある。前述のように，有権者は自分たちの望みが政策として実現されることを期待するので，何人かの候補者のうち応答性が最も高いと思われる候補者に投票するはずである。

そこで，各候補者は選挙区の多くの有権者が望むことを正確に理解し，それを公約として提示すればいい。つまり「当選したら自分はみなさんの望んでいることを実現します」と約束するのである。さらに当選後には，選挙で提示した公約を政策として実現することが重要になる。そうすることで次回の選挙でも「みなさんの望みを実現するために頑張りました」と有権者に訴えることができ，再選の可能性を高められるからである。

　以上をまとめると，政治家が政策応答性を高めるような行動（有権者の要望に沿った公約の提示，当選後の公約の実現）を取れば，有権者は支持という報酬を与えてくれる。その結果，政治家は当選し議席を獲得できる。もし政治家が選挙で多くの有権者の要望を無視した公約を提示したり，また当選後に公約を無視して有権者の要望を実現する努力を怠ったりしたら，多くの有権者はこの政治家の応答性に疑念を持つ。その場合，有権者はより応答性の高そうな別の政治家を探すはずである。政治家が応答性の低いと見なされる行動を取ると，有権者の多くは不支持という罰を政治家に与えるのである。結果として，この政治家は落選する。

　このように，政治家は議員として働き続けたいと願うので，その実現のために有権者の望みにできるだけ忠実に行動すると予想できる。もし政治家が自分勝手に振る舞えば，この政治家は落選し政策形成に関わる権利を失う。つまり，政治家たちの持つ「当選への渇望」が有権者に対する応答性を高める動機となっているのである。有権者は再選というアメや落選というムチを使って，政治家の行動に影響を与えその応答性を高めることができるのである。このようにして，選挙は有権者に対する政治家の応答性を高めるという役割を担っているのである。

　ここまでの説明は，有権者と政治家個人の関係に焦点を当ててきた。こうした説明は有権者と政府の関係にも当てはまる。政府を単位として考える場合には，政府を担当する与党がどのように振る舞うかを考えるのがわかりやすい。与党は議会内での多数派なので，与党の提示した案が最終的な決定，つまり政策となることはすでに述べた。もし与党が公約に忠実な政策を作れば，多数派の有権者はこの政党が再び政府を担当することを望むだろう。つまり次回の選挙でもこの政党に投票する。この政党が公約の実現に失敗すれば，有権者は与

党の業績に満足できず政府の交代を望む。この場合，次回の選挙で有権者は他の政党に投票することを通じて政府の交代を図る。よって，選挙があるからこそ，与党はできるだけ自分たちの支持者の民意や公約に忠実な政策づくりを進めることが予測できるのである。

応答性の確保と有権者の役割

　ここまでの議論は，公正な選挙が定期的に実施されれば応答性の高い政治家や政党のみが選ばれ，結果として有権者の望む政策が実現されることを示している。まるで選挙さえ実施されれば，有権者の声が常に政策に反映されるかのように聞こえる。しかし残念ながら話はそれほど単純ではない。選挙を通じて応答性の高い政治家や政党を選び，応答性の低い政治家や政党を排除できるかどうかは，有権者が何をするかによって左右されるからである。つまり応答性の維持のために有権者が果たすべき役割は大きい。

　では政策応答性を維持するために有権者は具体的に何をすればいいのだろうか。現代の民主社会において，有権者は必要とされる役割を果たせているのだろうか。選挙での勝者の決め方は応答性にどんな影響を及ぼすのだろうか。そして応答性が実際に維持されていることをどのようにして確かめればいいのだろうか。これらの疑問こそが，私たちが代表民主制における有権者として，自分たちの政治行動の実態と結果を客観的に理解しなければならない理由である。

　より具体的には，本書は有権者の行動やその結果について7つの問いを設定する。第1の問いは，有権者の意見の中身についてである。ここまでの説明では有権者は重要な争点について自分の意見を持っているだろうと考えてきた。ところが，もし「この政策が望ましい」といった意見を持たないのであれば，政府に政策決定をすべて任せてしまえばいいという極端な考えすら成り立つ。では，現代社会における福祉や防衛政策といった重要な争点について，有権者はどんな意見を持っているのだろうか。また有権者の間に意見の違いがあるとすればそれはなぜだろうか。

　第2の問いは，有権者の政治知識についてである。十分な知識を持っていれ

ば，どの政策や政党が自分にとって最適なのかを選ぶことができる。しかし，有権者の多くは日々の生活に忙しく，政治について詳しく知るために十分な時間を割けるとは限らない。では有権者は政策や政党についてどの程度の知識を持っているのだろうか。有権者の間で知識量に差はあるのだろうか。

第3の問いは，有権者が政策への賛否や投票先の候補者を決める方法についてである。前述のように，有権者が政治に関する知識を得るために使える時間は限られているので，政策や政治家についてすべてを知ることはできない。そこで有権者は限られた知識の中で無作為に政策や政治家を選ぶのではなく，比較的簡単に入手できる何らかのヒントを用いて，政策に関する支持・不支持を決めたり，候補者を選んだりするのではないだろうか。ではそのヒントとはいったい何なのか，そしてそれらがどのようにして知識量の限られた有権者の意思決定を助けているのだろうか。

第4の問いは，選挙での投票参加についてである。選挙での投票を通じて自分の意思を表明しない限り，有権者が政府の応答性を高めることは不可能である。投票する権利を放棄するということは，応答性の程度にかかわらず誰が政策決定を行ってもいい，政治家が好き勝手に振る舞ってもいいと言っているに等しいからである。ではどういった特徴を持つ有権者が投票に参加する傾向にあるのだろうか。そしてそれはなぜだろうか。

第5の問いは，選挙での投票選択についてである。投票所に赴いた有権者は，自分にとって最も望ましい政党や政治家を選び出さなければならない。選挙では選択肢は複数あるので，その中から最も応答性が高そうな政党や政治家を選ぶことが大切になる。では政党や政治家を比較する際に，有権者は何を基準にするのだろうか。また，それらに関する情報をどこから入手しているのだろうか。

第6の問いは，政策応答性の程度についてである。もし有権者が選挙を通じて応答性の低い政治家や政党を排除できているのであれば，民意を忠実に反映した政策が常に作られるはずである。例えば，「より福祉を充実させてほしい」と考える有権者が多数を占めるなら，多数派の民意にしたがって，政府は福祉政策の内容や規模を見直すことで有権者の要求を満たそうとするはずである。これが代表民主制の理想のかたちだろう。では民意と政策の間に強いつながり

6 応答性の確保と有権者の役割 ● 13

は本当に見られるのだろうか。

　そして第7の問いは，選挙制度についてである。前述のように，選挙での勝者の決め方は選挙制度によって異なる。例えば小選挙区制では多数決で選挙の勝者が決まるので，多数派の有権者が支持する政治家が当選し，一方で少数派の有権者が支持する政治家は負けてしまう。この場合，少数派の有権者に対する政府の応答性は低くなる。では少数派の有権者に対する民意を確保するための選挙制度は存在するのだろうか。また，存在するとすればそれはいったいどのような制度なのだろうか。

本書の構成

　本書の次章以下では，前節で紹介した7つの問いに対する解答を提示していく。次章以下は3部に分かれ，各部では**図序.1**で示した代表民主制における政治の流れを順番にたどっていく。

　第1部は民意の実態に注目する。これは**図序.1**の①の部分に相当し，前節の第1から第3の問いに答える。第1章ではさまざまな政策に関する民意の分布を明らかにし，さらに民意の対立がどのようにして生まれるのかを考える。第2章では有権者は政治知識をどの程度持つのか，そして誰がより多くの政治知識を持つのかを検討する。第3章では政策や政党を見分けるヒントとなる党派性やイデオロギーの役割を明らかにした上で，党派性やイデオロギーが有権者の意思決定をどのように手助けするかを解説する。

　第2部は選挙における有権者の行動に注目する。これは**図序.1**の②の部分に相当し，第4と第5の問いに答える。第4章では投票参加に関する有権者の意思決定のメカニズムに注目し，どのような特徴を持つ有権者が投票に参加するのかを明らかにする。第5章では投票に参加した有権者が，応答性の高い政党や政治家をどのようにして選び出すのかを考えてみる。第6章では候補者や政党に関する情報を有権者はどこから入手しているのかを考える。

　第3部は民意と政策とのつながりを明らかにする。これは**図序.1**の①から④の流れのすべてに相当し，第6と第7の問いに答える。第7章では景気と政

府の応答性の関係を論じる。第8章では民意の変化が経済政策および外交政策の形成にどのようにして反映されているかを考える。そして第9章では民意の集約と政策形成に大きな影響を与える選挙制度の役割を論じる。

終章は前章までの内容に基づいて，「有権者はどのように行動することで政府の応答性を高めることができるのか」という問いへの解答を提示する。日本の有権者は応答性を高める上で必要な行動を取っているのだろうか，応答性を高める上で障害となっているものは何か，そしてそれを取り除くためには何が必要かを論じる。

参照文献　　　　　　　　　　　　　　　　　　　　　　Reference ●

Laswell, Harold 1936, *Politics: Who Gets What, When, How*, McGraw-Hill.
（久保田きぬ子訳『政治——動態分析』岩波書店，1959 年）

第1部

民意の実態

PART 1

CHAPTER 序
1 民意の分布と形成
2 有権者の政治知識と判断
3 党派性とイデオロギー
4
5
6
7
8
9
終

CHAPTER

第1章

民意の分布と形成

OVERVIEW

　この章では，私たち有権者が政治についてどのような意見を持っているのか，そしてその意見はどのようにして形成されるのかを考える。経済格差や安全保障という日本社会が直面する重要な問題に注目し，「経済格差を縮小するために政府や積極的に行動すべきだ」「政府は防衛力をより拡充すべきだ」と考える有権者の割合がどれくらい大きいかを歴史的・国際的データを使って見ていく。さらに，経済格差や安全保障について有権者が異なる意見を持つようになる4つの理由を紹介する。

1 はじめに

　序章で紹介したように，代表民主制は私たち有権者の望みを政治家や政府を通じて実現するための仕組みである。この仕組みがうまく働くためにはいくつかの条件がある。その条件の1つが「この政策が望ましい」とか「この政党や政治家を支持する」といった意見を有権者が持つことである。有権者が税や権利の配分について何の意見も持たないのであれば，それを実現するための代表民主制という仕組みは必要なくなる。民意に対する政治家や政府の政策応答性が高いかどうかを考える必要もなくなるだろう。

　そこで，代表民主制における有権者の役割を理解する第一歩として，有権者が政治に関してどのような意見を持っているのかを学ぶことが必要になる。特に，現代の日本における重要な課題，すなわち争点について，有権者の意見がどのようにばらついているのかを理解することが重要である。税や権利の配分といった争点について，すべての有権者が同じ意見を持つことはめったにない。例えば福祉の充実について考えてみると，生活保護や失業手当の増額に賛成する有権者もいれば，反対する有権者もいるだろう。つまり，有権者の政治的意見にはある程度の対立があるのだが，この対立は政府の応答性に大きな影響を及ぼす。多数決に基づく代表民主制下では，より多くの有権者が支持する政策ほど実現される可能性が高いからである。この章では，有権者の意見のばらつきを**民意の分布**と呼ぶことにする。

　意見のばらつきの背後にある原因を探ることも重要である。なぜ有権者は福祉や安全保障といった問題について異なる意見を持つようになるのだろうか。例えば，みなさんの中にも福祉の充実に賛成する人もいれば反対する人もいるだろう。その意見の違いはどこからやってくるのだろうか。実は，民意の対立は私たちの**経済的ニーズ**や**価値観**の違いから生じることが多い。よって，民意の対立の原因を探ることは「誰がどの政策を支持しているか」を理解することと同じ意味を持つ。政策応答性という観点から考えると，誰がどの政策を支持しているかを学ぶことは，どのような特徴を持つ有権者に対して政府の応答性

がより高いのかを明らかにすることにつながる。

　現代の日本政治においては，国内および国際関係において重要な政策分野が存在する。この章では，その中から国内政治に関する政策争点として政府の規模をめぐる問題，そして対外政策に関する争点として自国の防衛力をめぐる問題に注目する。政府の規模をめぐる問題とは，貧困，失業，経済格差など社会に存在するさまざまな問題を解決するのに政府がどれくらい関与するべきかという問題である。防衛力をめぐる問題とは，政府がどの程度防衛支出を増やし，それを強化するべきかという問題である。

 民意とは何か

　民意の分布やその対立について学ぶ前に，民意とは何かをもう少し考えてみよう。**民意**とは「個々の有権者の政治に関する意見を国や地域単位で集計したもの」を意味する。民意を構成する各有権者の**意見**は，人物や物事に関して有権者の持つ**態度**が言葉で表現されたものである。つまり，

　　　態度　→　（言語化）　→　意見　→　（国や地域単位で集計）　→　民意

という関係が成り立つ。

　態度はある対象についての好き嫌いの感情を指し，いくつかの特徴を持つ。まず態度の優劣は存在しない。つまり，「私はAが好き，Aを支持する」「いや私はBが好き，Bを支持する」といった態度に関して，どちらが正しいといった判断を下すことはできない。次に，私たちは他人の態度を直接に観察することができない。誰かが態度を言葉で表現した場合に意見となり，私たちは初めてその内容を知ることができる。

　また，態度が言語化される状況によっては，態度と意見の中身にずれが生じることがある。死刑制度に関する態度を例として，ずれが起こる原因を考えてみよう。A君は普段は死刑制度の存続について，賛成・反対という明確な態度を持たない。えん罪の可能性という観点から考えると死刑制度は廃止されるべきだけど，凶悪犯罪防止という観点からは死刑制度の存続は必要だと考えているからである。よってA君の態度は中立的だと言っていいだろう。しかし

ある朝，A君はたまたま凶悪犯罪の増加というニュースを見たとする。その日の午後に友人であるB君と死刑制度について議論した際に，A君はその朝のニュースが念頭にあったため「死刑制度は存続すべきなのでは」という意見を述べた。この場合，普段は明確な意見を持たないにもかかわらず，朝のニュースが引き金となってA君はそのような意見を表明することになったのである。つまり，朝のニュースの視聴がA君の態度の中にある「凶悪犯罪防止という観点からは死刑制度の存続は必要」という考えを活性化させ，死刑制度存続に賛成という意見表明につながったのである。

　このように，態度が言語化される状況が表明される意見の内容に影響を与えることが多い。態度は長期間にわたって安定した傾向を持つと見なされているが，意見は測定状況の影響を受けるため短期間で大きく変動することもある。このように，意見と態度の定義上の違いは明確であるが，政治行動論の分野ではそれらの言葉は区別しないで用いられることが多い。

　民意は**世論調査**によって測定されることが多い。世論調査では政治家や政党など政治的アクターに関する意見や，税や医療など政策に関する意見を有権者に尋ねる。それらの意見を集計することで，有権者全体の民意を知ることができるのである。次節以降では世論調査データを用いて，政府の規模と安全保障に関する日本の有権者の民意の分布とその推移を見ていく。世論調査の実施方法やその解釈については，章末の **Column ❶**で紹介する。

③　民意の分布と推移

　先に述べたように，この章では政府の規模と防衛力に関する民意の分布や対立を学んでいく。政府の規模は，経済活動における政府の役割の大小を意味する。現代社会では生まれた環境，能力，運を背景として経済的に成功する人もいれば貧困に苦しむ人もいる。その結果として，所得格差が発生することは避けられない。この所得格差を社会がそのまま受け入れるのか，あるいはその縮小を目指すかによって，政府の役割は大きく異なる。人々が受け取る所得は各自の努力によって決まると見なすのであれば，政府が所得格差問題に関与する

理由は小さい。この場合，政府の主な役割は差別を撤廃するなど経済的機会の平等の保障に限られるだろう。このような考え方を「小さな政府」志向と呼ぶ。つまり政府の役割が小さくなることから，その規模も小さくなる。

　一方で，個人の努力では変えられない要因が所得格差を生み出すと考えるのであれば，政府が果たすべき役割は大きくなる。機会の平等の保障だけでなく，貧しい人に対する現金給付といった福祉政策を拡充することを通じて所得格差をできるだけ縮め，経済的結果の平等の保障を政府に求めることになる。経済活動における政府の積極的な介入を望むこのような考え方を，「大きな政府」志向と呼ぶ。政府の役割が大きくなることから，その規模も拡大する。

　では日本の有権者は小さな政府志向なのだろうか，あるいは大きな政府志向なのだろうか。ここでは，時系列での比較が可能な世論調査データが入手できる1976年から2011年までの民意の分布とその変化を見てみることにしよう。各世論調査では，政府の規模や福祉の充実に関する以下の2つの意見について回答者に質問を行った。

- 政府のサービスが悪くなっても金のかからない小さな政府のほうがよい
- 年金や老人医療などの社会福祉は財政が苦しくても極力充実すべきだ

　各意見に対し，調査の回答者は「賛成」「どちらかといえば賛成」「どちらでもない」「どちらかといえば反対」「反対」「わからない／答えない」の選択肢の中から回答を選んだ。ここでは「わからない／答えない」と答えた回答者を除き，

$$\text{賛成の割合（％）} = \frac{\text{「賛成」または「どちらかといえば賛成」と答えた回答者数}}{\text{全回答者数（わからない／答えないとした回答者を除く）}} \times 100$$

として各意見に賛成した回答者の割合を計算した。

　各意見について賛成の割合を調査年ごとにまとめたのが図1.1である。図中の△で値が示された線は「小さな政府のほうがよい」という意見に賛成した回答者の割合，■で値が示された線は「社会福祉は財政が苦しくても極力充実すべき」に賛成した回答者の割合を示す。小さな政府に関する質問は1976年の調査には含まれなかったため，1983年以降の調査における賛成の割合を示し

CHART 図 1.1 政府の規模をめぐる民意の推移

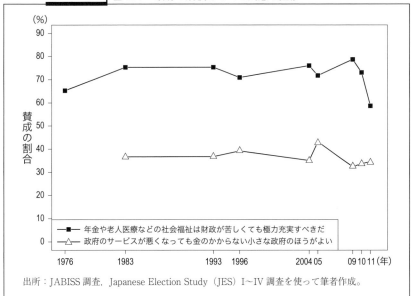

出所：JABISS 調査，Japanese Election Study (JES) I〜IV 調査を使って筆者作成。

ている。**図 1.1** によると，小さな政府を望む回答者の割合は 40％ 前後で大きな変化は見られない。一方，福祉の充実を望む回答者の割合は 70％ 前後で推移してきたことがわかる。後者については，2009 年以降に若干の低下が見られ 2011 年には 60％ を切っている。20 世紀後半から 21 世紀初頭にかけて，小さな政府を望む日本の有権者の割合は 5 割より少なく，また多くの有権者は福祉の拡充を望む傾向にあったと言える。

次に，医療や教育といった個別の政策分野における政府の役割については有権者はどのように考えているかを見てみよう。個別の分野について政府が大きな役割を果たすことを望む有権者はどの程度いるのだろうか。ここでは日本の民意を国際的な観点から理解するため，日本と政治経済状況が似通った国々（アメリカ，イギリス，オーストラリア，カナダ，スイス，スウェーデン，スペイン，ドイツ，ニュージーランド，ノルウェー，フランス）における民意の分布も見てみよう。具体的には，以下の 8 つの政策分野に関して，政府に責任があるかどうかを尋ねた質問への回答を用いる。

- 働く意思のあるすべての人に仕事を提供すること（仕事の提供）
- 病気の人々に必要な医療を施すこと（医療の提供）
- 高齢者がそれなりの生活水準を維持できるようにすること（高齢者の生活）
- 失業者がそれなりの生活水準を維持できるようにすること（失業者の生活）
- 富む者と貧しい者とのあいだの所得の格差を少なくすること（所得格差の縮小）
- 収入の少ない家庭の大学生に経済的な援助を与えること（学生への経済支援）
- 家を持てない人にそれなりの住居を提供すること（住居の提供）
- 環境が破壊されないように，産業界を法で厳しく規制すること（環境保護）

　各政策分野に対し，回答者は「政府の責任である」「どちらかといえば政府の責任である」「どちらかといえば政府の責任ではない」「政府の責任ではない」「わからない／答えない」の5項目から回答を選んだ。前の分析と同様の手順で，「わからない／答えない」と答えた回答者を除き，「政府の責任である」あるいは「どちらかといえば政府の責任である」と答えた回答者の割合を計算した。

　図1.2は国別に「政府の責任である」あるいは「どちらかといえば政府の責任である」と答えた回答者の割合を示している。各グラフの点線は，日本を除いた全11か国の回答者の割合の平均を意味する。各グラフでは日本を一番上に位置づけ，他国は政府の責任を認める割合が多い順に配置した。日本の場合，回答者が政府の責任を認めるかどうかは政策分野によって大きなばらつきがある。医療の提供，高齢者の生活，そして環境保護に関しては9割近い回答者が政府の責任を認めている。一方で，仕事や住居の提供に関しては意見が分かれ，政府の責任を認めるのは約半数である。

　日本に比べ，他国では各政策分野について政府の積極的な関与を求める回答者の割合が高い。すべての政策分野で，政府の責任を認める日本の回答者の割合は点線で示された平均値よりも低い。特に，学生への経済支援や住居の提供に関しては，日本の回答者の支持の低さが目立つ。政治経済状況の似通った他国と比較した場合，政府に積極的な役割を求める日本の有権者の割合はそれほど高くないことがわかる。

　次に，安全保障に関する民意の分布を見ていく。安全保障は現代の政府が果たすべき主要な役割の1つである。日本の場合，歴史的な背景や憲法の制約の

CHART 図 1.2 各政策分野に関する政府の責任を認める有権者の割合

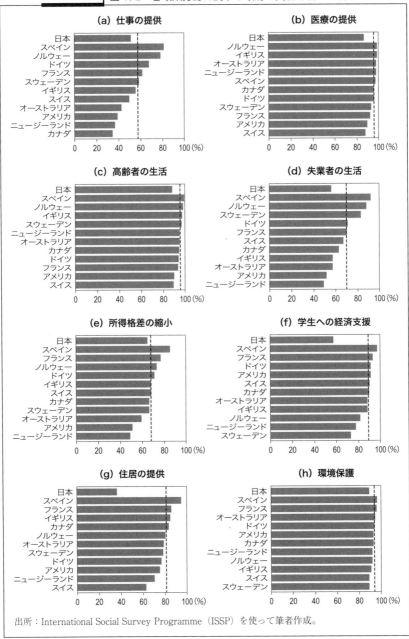

出所：International Social Survey Programme (ISSP) を使って筆者作成。

3 民意の分布と推移 ● 25

もとで，政府が安全保障にどの程度の力を入れるべきかについて論争が続いてきた。特に近年では憲法9条の改正や集団的自衛権の行使に関して活発な議論が行われている。では防衛力の強化や集団的自衛権に関して有権者はどのような意見を持っているのだろうか。はじめに，防衛と日米安保条約に関する以下の3つの意見に対する質問を用いる。

- 日本の防衛力はもっと強化するべきだ（防衛力の強化）
- 日米安保体制は現在よりもっと強化すべきだ（日米安保体制の強化）
- 日本は絶対に核兵器をもってはいけない（核兵器の不保持）

　これらの意見に対し，回答者は「賛成」「どちらかといえば賛成」「どちらでもない」「どちらかといえば反対」「反対」「わからない／答えない」の選択肢の中から回答を選んだ。調査年ごとに，「わからない／答えない」と答えた回答者を除き，「賛成」「どちらかといえば賛成」と答えた回答者の割合を計算した。

　図1.3は1976年以降の民意の推移をまとめている。「防衛力の強化」に賛成の割合は■で示された線，「日米安保体制の強化」に賛成の割合は△で示された線，「核兵器の不保持」に賛成の割合は▲で示された線にそれぞれ対応している。各意見に対する賛成の割合は，データが入手可能な調査年のみ示している。「防衛力の強化」や「日米安保体制の強化」の場合，1970年代から2000年代初頭まで賛成は20％から30％前後を推移してきた。しかし，ここ10年間では賛成は増加傾向にあり，「防衛力の強化」については2011年の時点で50％近くの回答者が賛成している。「核兵器の不保持」をめぐる民意も70％から80％で安定的に推移してきた。全体として2000年以降に有権者は政府に対してより積極的な防衛政策を求めるようになっている。この背後には，国際環境の変化，特に日本と近隣諸国との関係の悪化があるのかもしれない。

　次に，集団的自衛権と改憲に関する民意の推移について検討してみよう。それぞれの争点について，以下の世論調査の質問文を見てほしい。

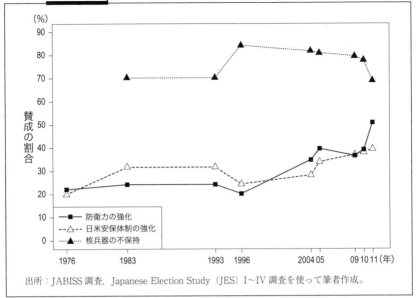

図1.3 安全保障をめぐる民意の推移

出所：JABISS調査，Japanese Election Study (JES) I～IV 調査を使って筆者作成。

- **集団的自衛権**
  A 日米安保体制を強化するためには，集団的自衛権の行使を認めるべきである。
  B 国際紛争に巻き込まれることになるので，集団的自衛権の行使を認めるべきではない。
- **憲　　　法**
  A 今の憲法は時代に合わなくなっているので，早い時期に改憲した方がよい。
  B 今の憲法は大筋として立派な憲法であるから，現在は改憲しない方がよい。

　各争点について回答者は「Aに近い」「どちらかといえばA」「どちらかといえばB」「Bに近い」の4つの選択肢から回答を選んだ。改憲に関する意見は9条に関するものだと明記はされてないが，改憲をめぐる議論の歴史的背景を考慮すると多くの有権者が9条の変更を念頭に置いていると考えられる。「わからない」と答えた回答者を除き，各争点についてAを選んだ回答者の割合を計算し，図1.4にまとめた。なお，データの入手が可能であったのは2001年以降のみである。

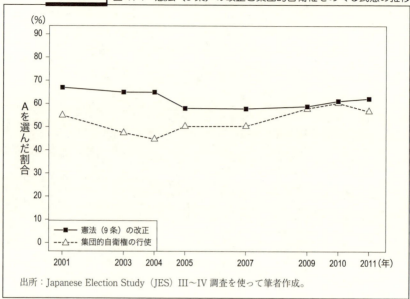

図1.4　憲法（9条）の改正と集団的自衛権をめぐる民意の推移

出所：Japanese Election Study（JES）III〜IV 調査を使って筆者作成。

図1.4によると，集団的自衛権の行使に賛成の回答者の割合（△で値が示された線）は50％前後を推移しており，世論は二分されていることがわかる。2007年以降，賛成の割合は上昇傾向にあり，2010年には60％近くになっている。一方，改憲に賛成の有権者の割合（■で値が示された線）は2001年以降ずっと過半数を超えている。図1.4は図1.3と整合的な結果を示しており，近年になって多くの有権者は憲法（9条）の変更を含め，より積極的な防衛政策を求めていることを示唆している。

4　民意の形成

前節の内容から，政府の規模や安全保障をめぐる争点について，日本の有権者の間には意見の対立があることがわかった。福祉政策の場合だと，その拡充を望む有権者もいれば，福祉における政府の役割は小さくあるべきだと考える有権者もいる。では，このような意見の対立はなぜ生まれるのだろうか。図1.5は有権者の意見形成に関する代表的な説明をまとめている。それらの説明

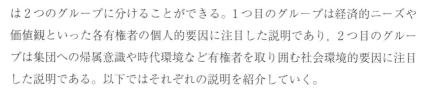

図1.5 有権者の意見形成に関する代表的な説明

は2つのグループに分けることができる。1つ目のグループは経済的ニーズや価値観といった各有権者の個人的要因に注目した説明であり、2つ目のグループは集団への帰属意識や時代環境など有権者を取り囲む社会環境的要因に注目した説明である。以下ではそれぞれの説明を紹介していく。

有権者の意見形成を説明する個人的要因の1つが**経済的なニーズ**である。例えば、失業中の有権者がいるとする。貯金や親族の援助だけでは求職期間中の生活を維持することができない場合、この有権者は政府の提供する公的なセーフティネットが必要となり、失業給付や生活保護の提供など政府による福祉政策の拡充を求めるようになる。一方で、安定した収入を持つ有権者は公的セーフティネットが拡充されても経済的なメリットはない。よって福祉政策の拡充には反対すると考えられる。

また別の例として、小さな子どものいる家庭に現金給付を行う政策の採用を政府が検討している、という状況を考えてみよう。この政策が採用されると、小さな子どもを持つ有権者の金銭的負担が軽減されるだろう。よって、小さな子どもを持つ有権者はこの政策の採用を支持するはずである。一方で小さな子どものいない有権者は、その政策が採用されても金銭的な利益はないので、その政策を支持しないだろう。

このように、経済的なニーズは有権者の意見に大きな影響を与える。ある政策が採用・拡充されることによって経済的なニーズが満たされて金銭的利益を受け取る有権者は、その政策を支持する。逆に、政策が採用・拡充されても自身の経済的ニーズに何ら影響を与えないと考える有権者は、その政策の採用に積極的に賛成するとは考えられない。もしその政策の採用のためにより多くの

4 民意の形成 ● 29

税を負担しなければならないのであれば、それらの有権者は政策の採用を拒否するだろう。

有権者の意見形成を説明する2つ目の個人的要因は、社会はどうあるべきか、どのように運営されるべきかという**基礎的な価値観**である。特に経済活動に関する価値観の中核をなすのが、経済的個人主義と平等主義であり、これら2つの価値観は対立関係にある。経済的個人主義とは、市場における競争原理を重視し、富の蓄積は個人の競争に基づいて行われるべきという考えを意味する。よって、勤勉で能力の高い個人ほど、より多くの富を得られるような状態こそが公正な社会だと見なす。一方で、平等主義とは、すべての人は平等な取り扱いを求める権利を有するという前提に基づき、市場競争の結果として生じた不平等を何らかのかたちで解消すべきだという考えを意味する。よって、富める人から貧しい人へ富の再分配が行われるような仕組みを持つ社会こそが公正だと見なす。

経済的個人主義や平等主義という価値観が、重要争点に関する有権者の意見と密接に関連することは想像がつくだろう。経済的個人主義を重視する有権者は、富の配分は個人の活動と市場の競争原理にまかせ、政府の介入は最小限にとどめるべきだと考えるので、小さな政府を望むだろう。一方で、経済的平等やその結果得られる自由を重視する有権者ほど、市場での競争の結果として生じる経済的格差を縮めるために政府がより大きな役割を果たすべきだと考え、大きな政府を望むだろう。

家族のあり方や性別役割分担意識など、社会生活に関わる価値観も意見の形成に重要な役割を果たす。例えば、男性は外で働き女性は家を守るという価値観を持つ有権者は、女性が政治に積極的に参加することを望まないかもしれない。また、伝統的な家族のあり方を望む有権者ほど、同性婚や夫婦別姓の権利を認めることに消極的だということも考えられる。

意見形成を説明する代表的な社会環境的要因は**集団帰属意識**である。有権者は自分が何らかの集団（国、地域、民族など）の一員だと考え、その集団のニーズや立場を基準にして各政策への支持・不支持を決めることがある。同一集団に属する有権者は共通の歴史的背景や文化を持ち、特に差別を受けるなど不利な社会的立場に置かれている集団は、集団の全構成員の地位の改善に必要な政

策を支持するようになる。つまり，自分にとってのニーズだけではなく，集団を構成するメンバー全体のニーズを満たすことを目指して各政策分野への賛成や反対を決めるのである（Kinder and Kam 2009）。

この代表的な例が，アメリカにおける人種に基づく集団帰属意識の影響である。歴史的に見てアフリカ系アメリカ人は差別を受けるなど社会的・経済的に不利な立場に置かれてきたため，個人の成功と集団全体の成功は切り離せない関係にあると考えることが多い。そこでアフリカ系アメリカ人全体に経済的恩恵をもたらすような政策（例えば人種差別是正措置や福祉政策の拡充）を求める。所得階層の高いアフリカ系アメリカ人でも福祉政策の拡充を求める傾向にあるが，これは自分の経済的ニーズではなく集団全体のニーズを考慮した結果であると言える。

集団帰属意識は，他者との関係を規定するという点でも重要な役割を果たす。自分が属する**内集団**と自分が属さない**外集団**を明確に区別し，自分と同じ社会的背景を持つ内集団のメンバーに恩恵をもたらす政策の採用・拡充は支持するが，言語や習慣の異なる外集団のメンバーのみを利するような政策には反対するのである。この背景には，人間は何らかの集団（特に内集団）の一員として自己の存在を認識する傾向があるので，内集団に対して忠誠心やひいきの感情を持つことがある。また，社会では集団間で経済的・政治的競争が起こっているという認識をすることが多く，外集団が何らかの恩恵を受ければ，内集団がその恩恵を受ける機会を失うと見なすこともその理由だと考えられている。

日本における排外主義的態度はこの典型的な例である。日本国籍を持たない人々や異なる文化的・歴史的背景や持つ人々を外集団と見なし，外集団に差別的な感情を持ち，また外集団に恩恵をもたらすような政策の施行に反対するのである。

もう1つの社会環境要因は**社会化**である。社会化とは，個人を取り巻く家族・友人関係や時代背景が意見の形成に影響を及ぼすことを意味する。例えば，両親の政治的傾向（例えば政党への支持）は子どもに引き継がれる可能性が高い。というのも，子どもは家庭環境（両親の所得や職業など）や両親との会話を通して政治に関する事柄を学習するからである。また，大人になってからも，同僚や友人・配偶者を通して政治的情報を得ることが多いので，有権者の意見は周

りの環境から影響を受けやすい。この場合，友人や同僚とは同じような経済的ニーズや価値観を持つ可能性が高いので，結果的に同じような政治的意見を持つようになると予想できる。

生まれ育った時代背景も重要である。例えば，イングルハートは第2次世界大戦直後のヨーロッパなど経済的に困窮した時代に生きる有権者は，生活の安定を求めて経済発展や治安の維持を重視する**物質主義的**な価値観を持っていたが，その後年月が経ち経済が復興し豊かになるにつれ環境保護や言論の自由などを重視するといった**脱物質主義的**な価値観を持つようになったことを示している（Inglehart 1990）。

⑤ 経済的ニーズと福祉政策をめぐる民意

ここではこれまでに紹介した4つの説明のうち，経済的ニーズに基づく説明に注目して，それがどれくらい日本の有権者に当てはまるかを見てみよう。具体的には経済的ニーズの高い有権者ほど福祉政策の拡充に賛成するかどうかを考えてみる。経済的ニーズは有権者の所得階層や年齢によって大きく変わると考えられる。

一般的に，福祉政策の拡充による経済的恩恵を受けるのは所得の低い有権者である。自身の所得のみでは生活が難しいのであれば，政府からの金銭的支援（例えば生活保護）を望むだろう。また，所得の低い有権者は貯蓄も少ないと考えられ，失業や病気で休職したときには政府による公的セーフティネットによる保護を必要とする。一方，所得の高い有権者は，自身の所得で生活が成り立つため，福祉政策が拡充されてもその金銭的恩恵を受けることはない。所得の多い有権者ほど税の負担が増す累進的な課税制度が採用されている場合には，高所得者は福祉政策の拡充の財源となる税をより多く負担することにもなる。よって，福祉の拡充が自己の経済的なニーズにどのような影響を与えるかを有権者が理解しているならば，所得の高い有権者に比べて，所得の低い有権者のほうが福祉政策の拡充に賛成する割合が高くなるだろう。

この予測が日本の有権者に見られるかどうかを，「年金や老人医療などの社

32 ● CHAPTER 1 民意の分布と形成

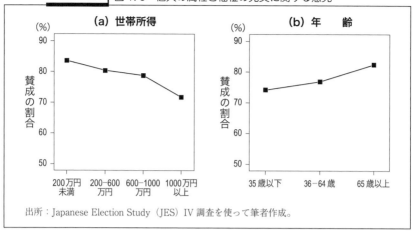

CHART 図1.6 個人の属性と福祉の充実に関する意見

出所:Japanese Election Study(JES)IV 調査を使って筆者作成。

会福祉は財政が苦しくても極力充実すべきだ」という意見に対する世論調査の質問を使って確認してみる。2011年時点の世論調査データを用い,調査回答者を世帯所得レベル(年収)に基づいて,200万円未満,200-600万円未満,600-1000万円未満,1000万円以上の4グループに分けた。そして,各所得グループごとに福祉の充実に「賛成」または「どちらかといえば賛成」と答えた回答者の割合を計算した。その結果をまとめた図1.6 (a) によると,所得階層が上昇すると福祉の充実に賛成する回答者の割合が減少することがわかる。一番所得の低い階層(200万円未満)は賛成の割合が83%であるのに対し,一番所得の高い階層(1000万円以上)では71%に下落する。有権者の経済的ニーズは福祉政策をめぐる意見の形成に影響を与えているようである。

また,年齢と性別も経済的ニーズと関連するだろう。年齢の場合,高齢者ほど政府による福祉の充実を支持すると予測できる。65歳以上の有権者の生活は年金額や公的セーフティネットの充実度に大きく左右されると考えられるからである。ここでは,世論調査の回答者を年齢に基づいて,35歳以下,36歳から64歳,65歳以上の3グループに分けた。そしてグループごとに「年金や老人医療などの社会福祉は財政が苦しくても極力充実すべきだ」に「賛成」または「どちらかといえば賛成」と答えた回答者の割合を求めた。この結果は図1.6 (b) にまとめられている。年齢と福祉の充実に賛成する割合には明確な関連が見られ,若年層や中年層と比べて高齢者は賛成する割合が高い。35歳以

5 経済的ニーズと福祉政策をめぐる民意 ● 33

下の回答者と 65 歳以上の回答者の賛成の割合の差は 7 ポイントである。

民意の対立と応答性

　この章では政府の規模と防衛力という 2 つの重要な問題について「誰が何を望んでいるか」を考えてきた。過去数十年間にわたり，日本の有権者の多くは福祉や医療の拡充を望む傾向にあったが，その一方で住居の提供や失業者への仕事の提供といった点については政府の大きな介入を望んでいない。また，近年になってより多くの有権者が防衛力や日米安保体制の強化を求めるようになっている。このような意見の変化や対立の背景には，有権者の間の経済的ニーズや価値観の違い，そして有権者を取り巻く社会経済的環境や時代の違いがある。

　重要な政策争点における民意の対立やその変化は，政策応答性に大きな影響を与える。民意の対立があるということは，その争点をめぐって多数派と少数派が存在するということである。代表民主制では選挙や議会において多数決に基づく決定を下すのが一般的なので，より多くの有権者が支持する政策ほど実現される可能性が高い。また，誰がどの政策を支持しているかを知ることで，どのような特徴を持つ有権者に対して政府の政策応答性がより高いのかを明らかにできる。例えば政府が福祉政策を拡充した場合，その背後にセーフティネットを必要とする有権者の増加や結果の平等を求める有権者の増加があると予想できる。

　次の章では，さまざまな政策争点に関する有権者の意見が形作られていくときに重要な役割を果たす政治知識の役割を考えてみる。政府の規模や防衛力の問題を考えるときに，そもそも私たちは政策の内容や予想される結果について十分にわかった上で意見を決めているのだろうか。

参照文献

Inglehart, Ronald F. 1990, *Culture Shift in Advanced Industrial Society*, Princeton University Press.（村山皓・富沢克・武重雅文訳『カルチャーシフトと政治変動』東洋経済新報社，1993 年）

Kinder, Donald R. and Cindy D. Kam 2009, *Us Against Them: Ethnocentric Foundations of American Opinion*, University of Chicago Press.

Column❶ 世論調査の方法と結果の解釈

　ある集団の民意を正確に理解するためには，適切に実施された世論調査が不可欠である。現代の世論調査では，調査対象である集団（ここでは母集団と呼ぶ，例えば日本全国の有権者）から調査の対象者を 2000〜3000 人ほど無作為に選び，その対象者（これを標本と呼ぶ）に対して事前に用意した質問をする。そして標本から得られた回答を集計し，その集計値をもとに母集団の民意の分布を推測するのである。

　日常生活では世論調査の分析結果に基づく研究成果や報道を頻繁に目にするが，それらの分析結果や報道内容の信頼性は，世論調査の実施方法に大きく左右される。例えば新聞報道で「60% の有権者が内閣を支持している」といった記事を見たときに，その根拠となる世論調査がどのような方法で実施されたのかに注意を払う必要がある。調査が適切な方法で実施された場合，標本から得られるデータは民意の実態を推測するために役立つ。逆に，調査が間違った方法で実施された場合には，標本から得られるデータを用いても母集団の民意について学べることはほとんどない。よって調査方法の骨子を簡単にでも把握した上で，世論調査から得られる情報の意味を解釈する必要がある。調査の実施方法に問題を見つけた場合には，調査から得られる情報の信頼性は低いと判断すべきである。そこで，このコラムでは世論調査の方法を理解する上で代表的な注意点をいくつか簡単に解説する。

1点目は，標本の抽出方法である。母集団から標本がランダムに選ばれた（これを無作為抽出と呼ぶ）場合，標本から得られる情報は母集団の民意を推測するのに役立つ。というのも無作為抽出が用いられる場合，標本中の社会属性的特徴（例えば教育程度や収入程度）や政治的特徴（例えば各政党への支持率や投票率）も母集団の特徴とかなり近くなると想定できるからである。よって，標本は日本全国の有権者を代表していると考えることができ（この場合，標本の代表性が高いという），よって数千人の調査対象者の意見を調べることで日本の民意全体の推測を行うことが可能になる。

無作為抽出に基づかない標本の場合，それを用いて母集団の民意の分布を推測するのは難しい。その端的な例は，インターネット上のアンケート調査である。ニュースサイトなどでたまに「あなたはこれに賛成ですか，反対ですか」という調査が行われ，その集計値を用いて「X% の人々がこれに賛成している」と報じる記事を見かけることがある。これらの調査には意見を表明したい人のみが参加するので，その標本は母集団を代表しているとは言えない。よって，調査結果から日本の有権者全体の意見の分布を推測することはできない。

2点目は，調査対象者の回答率である。回答率が高い調査の場合，標本から得られる情報は母集団の民意を推測するのに役立つ。回答率とは，

$$回答率（\%）＝\frac{実際に調査に協力した回答者数}{標本中の回答者数}\times100$$

を意味する。仕事が忙しい，政治的な意見を他人に表明したくないなどの理由で，標本中の何割かの対象者は調査に協力してくれないことが多い。回答率が下がると，母集団に対する標本の代表性が低下するかもしれない。というのも，調査に参加してくれる調査対象者は時間に余裕のある高齢者やそもそも政治に関心のある人々であり，一方で調査に参加しない／できない対象者には若者や政治に無関心な人々が含まれるからである。その結果，母集団に比べて回収した標本の平均年齢や平均政治関心度が高くなり，母集団と標本の特徴の乖離が発生する。標本の代表性が下がると，それに基づいて母集団の民意の分布などを推測することができなくなる。

3点目は質問の方法である。同じ内容の質問でも，質問の方法（例えば個別面談かウェブ調査か）や質問の語句の違いによって得られる回答の中身が異なることがある。この端的な例は投票参加をめぐる質問である。例えば，調査対象者が直近の国政選挙で投票したか棄権したかを知るために，「あなたは，7月29日（日）に行われた参議院議員通常選挙では，投票に行きましたか，行きませんでしたか」という質問文を準備したとする。この場合，実際には投票

していなくても「投票した」と回答する回答者が存在することが知られている。その理由として，投票は国民の義務だと認識している人が多いため，「棄権した」と答えるのが社会的に望ましくない／恥ずかしいと考える，ということが挙げられる（ソーシャル・デザイアビリティ・バイアス）。そこで，上記の質問の冒頭に「選挙の時に投票に行ける場合と，いろいろな事情で投票に行けない場合がありますが」といった語句を加えると，そのような間違った回答を減らせることがこれまで報告されている。あるいは，回答のプライバシーを確保できる郵送調査やウェブ調査では同様に正確な回答が増える。

CHAPTER

第 **2** 章

有権者の政治知識と判断

OVERVIEW

　この章では，私たち有権者が政治についてどれくらい知識を持っているのか，そしてどういった特徴を持つ有権者がより多くの知識を持っているのかを考える。政治制度の概要や主要政治家の公職名についてのクイズを利用して，日々の生活に忙しい有権者が基本的な政治事実に関するクイズにどれくらい正答できるのかを見ていく。さらに，有権者の教育程度や年齢が上がるほど，クイズへの正答数が増えることを明らかにする。

1 はじめに

　代表民主制における有権者の役割を理解する第一歩として，第1章では「誰が何を望んでいるか」という問題を考えた。有権者の役割を理解するために次に重要になるのが，「誰が何を知っているのか」である。そもそも私たち有権者は十分な知識に基づいて各争点についての態度を決めているのだろうか。例えば，福祉政策の拡充について，有権者はメリット（経済的利益があるか）やデメリット（税をより多く負担しなければならないのか）の情報を集め，それらを比較した上で賛成・反対を選択しているのだろうか。もし政策の中身や予想される結果について何も知識を持たない場合，どの政策案が自分にとっても最も望ましいのか判断がつかないだろう。その結果，そのときの気分で自分の意見を決めてしまうかもしれない。

　また，現代の政治では多種多様な政策争点が存在し，その多くが私たちの利害や価値観などと関連している。政府の規模や福祉の問題も重要だし，防衛，環境，教育問題も無視できないのである。そのため，それぞれの政策について最善の判断を下すためには，たくさんの知識が必要となる。しかも，有権者は政治家や政党の特徴もある程度は把握しておくことが必要だろう。政党や政治家についてある程度の知識を持たなければ，第5章で詳しく説明するように，選挙で自分の望みを実現してくれそうなリーダーは誰かを判断できないからである。

　そこでこの章では，有権者が自分にとって最善の政策や政党を見つけること，つまり最も望ましい判断を下すのに欠かせない**政治知識**の量に注目する。政治知識量の大まかな目安として，政治制度の概要や主要政治家の公職名についてのクイズに有権者がどれくらい正答できるかを調べてみる。クイズへの正答数が多く基本的知識を持つ有権者ほど，各種の政策の内容や政党の公約などを理解している可能性が高い。また，後ほど明らかにするように，有権者の政治知識量には大きな差があるのだが，なぜそのような差が生まれるのかも考える。

1　はじめに　● 39

政治における有権者のジレンマ

　現代社会に生きる私たち有権者が，日々刻々と変化する政治の動きを理解するのは簡単なことではない。自分の生活に関係のある重要な政策決定が国会で行われているかどうかを知るためには，新聞やテレビニュースを通じて定期的に情報を集める必要がある。自分の選挙区の政治家はいったい何をしているのかを知りたければ，新聞やテレビ上では個々の政治家の行動が詳しく報道されることはまれなので，政治家のウェブページやビラなどを見なければならないだろう。さらに，仮に政策変更や政治家の行動を知ったところで，それがいったい何を意味するのか，それによって何がどう変わるのか，また何が自分の利益に適った行動なのかを理解するためにはかなりの努力が必要である。

　とはいえ，人々は24時間365日政治のことばかり考えているわけにはいかない。自分が使える時間を，生活を支えるための労働，将来に向けての勉強，あるいは趣味や遊びといった娯楽に優先的に割り振るのは当然のことである。またそうした労働，勉強，娯楽に時間を割かずに，政治についての知識を蓄えることに自分の時間を注いだところで，必ずしも目に見える見返りがあるわけではない。それならば，仕事や娯楽などの活動を諦めるのではなく，いっそ政治に関心を持つのをやめてしまうほうが自然である。つまり，有権者は自分に望ましい政策を実現するために政策や政党についての知識を蓄える必要がある一方で，そうするためには大きなコストを払わなければならないというジレンマに直面しているのである。

　このようなジレンマに直面している有権者は，政治についてどれくらいの知識を持っているのだろうか。日々の生活に忙しいので，政治について学ぼうとする有権者はあまりいないのだろうか。

　これらの疑問に答える1つの方法は，基本的な政治事実に関する有権者の知識量を調べることである。もし有権者が新聞やテレビニュースなどを通じて定期的に情報を集めているのであれば，政治についてより多くの知識を蓄えているはずである。情報収集に熱心な有権者は，政治の仕組みや自分たちの代表で

ある主要政党や政治家について基本的な知識を持っているだろう。

アメリカの有権者を対象とした分析を行ったデリカーピニとキーターは，基本的な政治事実に関する有権者の知識量がそれほど大きくないことを指摘している（Delli Carpini and Keeter 1996）。アメリカの有権者は主要な公職に就く政治家の名前や政治制度の特徴に関して尋ねられた場合，正答できない割合がかなり高かった。もし政策の内容や政党についての知識が不足しているのであれば，自分にとって望ましい政策を選んだり，意見の近い政党を選んだりすること，つまり最善の判断を下すのが難しくなる。真っ暗闇の部屋において手探りで電灯のスイッチを探すようなものである。

知識量が不足するということは2つの可能性を意味する。1つは有権者がその事実について全く知識を持たないという可能性であり，もう1つは有権者が間違った事実認識を持つので結果として「正しい知識」を持たないという可能性である。前者のタイプの有権者は政策の中身に関する是非の判断がつかないので，無作為に，つまり真っ暗闇の中を手探りで電灯のスイッチを探すように意見を選択することになるだろう。一方で，後者のタイプの有権者は間違った情報に基づいて政策への賛否を決めるので，選択した意見はその有権者の利害や価値観と一致しない可能性がより大きくなる。部屋の左側に電灯のスイッチがある真っ暗闇の中で，右側にスイッチがあるという間違った情報を前もって得ていたために，いつまで経ってもスイッチにたどり着かないという状況を想像してほしい。この場合，無作為に方向を決めるよりも正解にたどり着く可能性が低くなるだろう。

③ 日本の有権者の政治知識量

アメリカの有権者と同様に，日本の有権者の政治知識量はあまり多くないのだろうか。またどの程度の有権者が政治的事実について間違った認識を持っているのだろうか。これらの問いに答えるために，政治制度の概要や調査時点における主要な政治家の公職名といった基礎的な政治事実についてのクイズを利用し，回答者の何割がそれらのクイズに正答できたのかを調べる。

まず政治制度や司法制度に関する有権者の知識量を見てみよう。世論調査に含まれる以下の質問に対し，何割の回答者が正答したかを計算した。

(a) 日本国憲法において，戦争放棄条項を含むのは第何条だと思いますか。
(b) 今年から裁判員制度が導入されましたが，1回の公判において何名の判事と裁判員が参加するでしょうか。
(c) 1つの法律案について衆議院と参議院で議決の結果が異なる場合，衆議院がもう1度改めて同じ議決をすれば，それをもって法律案は法律となります。その際に必要な多数はこの中のどれだと思いますか。

それぞれの質問に対し回答者は「わからない」を含め5つの選択肢から回答を選んだ。

各質問に対する回答の分布をまとめたのが**図2.1**である。正答である選択肢はバーの色が濃くなっている。(a) の憲法に関する質問に対しては，70% 近い回答者が「第9条」と正答している。正答しなかった回答者のほとんどは「わからない」と答えている。(b) の裁判員制度については，正答できたのは5割の回答者で，「わからない」と「判事2名・裁判員5名」の割合がそれに続く。調査時点で制度設置から間もないこともあり，制度に関する知識が浸透していないようである。議決の規則に関しては，「出席議員の3分の2」という正しい答えを選ぶ割合がさらに低く，正答できたのは回答者の3割であった。

次に，著名な政治家の公職に関する知識を有権者がどの程度持っているのかを見てみよう。「次にあげる人物が，現在どのような公職についているかご存じですか。ご存じの場合，その職名をお答えください」という質問を用いる。具体的には，以下の3名の政治家の公職名を尋ねている。

(a) 江田五月は現在，日本でどのような公職についていますか。
(b) ヒラリー・クリントンは現在，アメリカでどのような公職についていますか。
(c) ウラジミール・プーチンは現在，ロシアでどのような公職についていますか。

これらの質問では，回答者は選択肢を与えられず自分で公職名を答えている。したがって，回答者が選択肢の中から正答を選んだ政治制度に関する一連の質

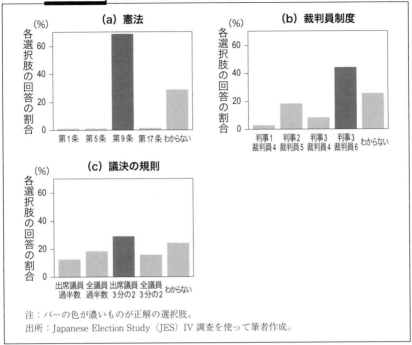

図2.1 制度に関する知識

注：バーの色が濃いものが正解の選択肢。
出所：Japanese Election Study (JES) IV 調査を使って筆者作成。

問と比較して，公職名を自ら答えることを求められるこれらの質問の難易度は，より高いと言える。ここで使用する調査が行われたのは2009年である。

図2.2は回答の分布をまとめたものである。各政治家について正しい公職名を答えた場合には「正解」，間違った公職名を答えた場合には「不正解」，または「わからない」と答えた場合はそう分類されている。正解の公職名は図中に示されている。各政治家の公職名とも「わからない」と答えた回答者の割合が最も高い。図2.2 (a) の江田五月に関しては過半数の7割近い回答者がその公職名を答えることができなかった。正答した回答者の割合は20％ほどである。図2.2 (b) と (c) に関しても，正答の割合は高くない。2009年当時にアメリカ合衆国の国務長官であったヒラリー・クリントンの公職名を正しく答えられたのは回答者のうち約30％，ロシアの首相であったウラジミール・プーチンの公職名を正しく答えられたのは約40％である。不正解の場合にどのような公職名を答えたかについての情報は，提供されている調査データには含まれていないが，ヒラリー・クリントンとウラジミール・プーチンの場合には「大統

CHART 図2.2　政治家の公職に関する知識

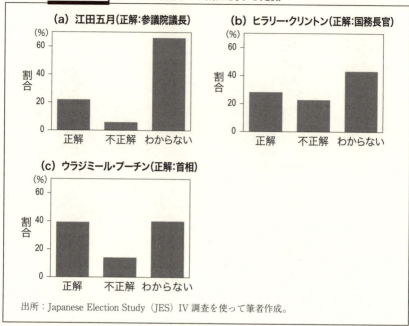

出所：Japanese Election Study (JES) IV 調査を使って筆者作成。

領」と答えた可能性がある。

　最後に制度関連の質問と公職関連の質問に対する正答数の分布をまとめたものが**図2.3**である。**図2.1**で使った3つの制度関連の質問と、**図2.2**で使った3つの公職関連の質問に対する、各回答者の正答数を数えた。すべての質問に正答すれば正答数は6、すべての質問に誤答するかわからないと答えれば正答数は0となる。**図2.3**の横軸は回答者の正答数、そして縦軸は各正答数の回答者の割合を示した。この図を見ると、正答数の分布は左に偏っており、正答数が0の回答者は約15％、正答数が1の割合は約20％、そして正答数が2の割合は22％ほどである。

　以上の結果から、日本の有権者の政治知識量はあまり多くないということがわかる。回答者の多くは、代表民主制の根幹となる制度や主要な政治リーダーについて正しい知識を持たないのである。

　主要な政治制度や政治家の公職など基本的な事実に関する有権者の知識量が多くないということは、政治全般に関する知識量も限られているということを

CHART 図2.3 政治知識量の分布

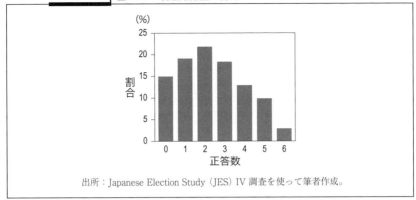

出所：Japanese Election Study（JES）IV 調査を使って筆者作成。

示唆している。つまり，政策の中身や政党に関して詳しい知識を持たない有権者の割合は多い，と推測できるのである。また，図2.1から図2.2における分析では誤答した回答者が少なからずいることがわかったが，これは政策や政党についても同じように間違った情報を持っている可能性を示唆している。間違った情報に基づいて政策や政府を選ぶと，自分にとって望ましい結果を得ることができなくなる。

ここで，世論調査データに基づく図2.1から図2.3の分析結果の解釈には，いくつか注意が必要なことについて断っておきたい。1つは世論調査の回答者の特質である。本書で使用する世論調査では，日本全国からランダムに調査対象者が選ばれているが（調査の実施方法については第1章のColumn ❶を参照してほしい），その全員が調査に参加するわけではない。政治への関心が高い，あるいは知識を多く持つ調査対象者ほど調査に協力的である可能性があるため，それらの調査対象者の知識量は一般的な日本の有権者の知識量よりも多いかもしれない。つまり，日本全体の有権者の知識量は図2.1から図2.3で示されているよりもさらに少ないかもしれないのである。もう1つは，クイズの中身が知識量の測定に影響を及ぼすということである。例えば，クイズに正答すると金銭的報酬が与えられる場合には真剣に考える回答者が増えるので，正答率が上がることが知られている。つまり，回答者の政治知識量は多いのだが，これまでの分析で用いたクイズに基づく方法では知識量をうまく測定できていないのかもしれないのである。

4 政治知識量と政治判断

　政治知識量が少ないほど，政策や政治家を選ぶ際に何が自分にとって最善の選択肢かがわからないため，判断に迷うことが増えるだろう。例えば，第1章で使った「政府のサービスが悪くなっても金のかからない小さな政府のほうがよい」という世論調査の質問を思い出してほしい。この争点に関する意見を求められた際に，政治知識量の少ない有権者ほど判断に迷って「わからない」と答えるのではないだろうか。このような場面で「わからない」と答えてしまえば，自己のニーズや価値観という観点から考えると望ましい政策があるにもかかわらず，その実現を望む機会を放棄してしまうことになる。

　そこで，政治知識量と政策に関する意見の保持・不保持の間にはどのような関係があるかを見てみよう。政治知識量の指標として，**図2.3**で使った制度と公職に関する6つの質問に対する正答数を用いる。正答数は0から6の値をとり，正答数が多いほど知識量も多いと見なす。

　政策に関する意見の保持・不保持の指標として，16の政策争点に関する質問を用いる。これら16の政策に関する質問のうち，第1章では福祉の充実（「年金や老人医療などの社会福祉は財政が苦しくても極力充実すべきだ」）や防衛力の強化（「日本の防衛力はもっと強化するべきだ」）についての質問を用いた。16の質問に対し，調査対象者は「賛成」「どちらかといえば賛成」「どちらでもない」「どちらかといえば反対」「反対」「わからない／答えない」の選択肢の中から回答を選んだ。ここでは「わからない」という回答に注目し，16の質問のうち何回「わからない」と答えたかを回答者ごとに求めた。すべての質問に賛成か反対で答えれば「わからない」の頻度は0，すべてに「わからない」と答えればその回数は16となる。「わからない」と答える回数が多いことは，自分にとって望ましい政策が見つけられないことを意味する。

　図2.4は正答数別に「わからない」と答えた平均回数を計算した結果をまとめている。正答数の少ない人ほど，「わからない」と答えた回数が多いことが見てとれる。制度や公職関連の質問に対し正答数が0だった有権者の「わから

図2.4 政治知識量と意見の不保持

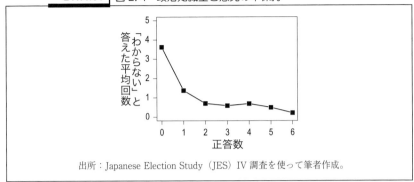

出所：Japanese Election Study（JES）IV 調査を使って筆者作成。

ない」と答えた頻度は4に近い。これは16問中4問，すなわち4回に1回は政策に関する意見を表明しなかったことを意味する。一方，正答数が上がると「わからない」と答えた頻度も減少していき，正答数が6の回答者の場合その頻度はほぼ0である。つまり16のすべての質問に対して賛成や反対といった意見を表明したということである。

各政策争点についての意見を求められた際に，それらが自分にとって良いことなのか悪いことなのかの判断がつかない場合，「わからない」と答える確率は上がるだろう。そもそも特定の分野については政府の責任の意味やその内容がわからないということも考えられる。つまり，政治知識量が限られていると，自分の**ニーズ**や**価値観**に沿った政策を見つけ出すのが難しくなるのである。

また，政治知識量が少ないと，自分にとって望ましくない政策を間違って支持してしまう可能性も出てくる。アメリカの政治学者であるバーテルズは，アメリカのジョージ・H. W. ブッシュ政権時代に実施された減税政策に対して多くの有権者が支持を表明したことに注目した。この減税政策は主に裕福な所得階層をターゲットにしたもので，アメリカの有権者の多く（特に低所得階層の有権者）には何のメリットもなく彼らが支持する根拠がない。バーテルズは世論調査データの分析を通じて，政治知識量の少ない人々ほどこの政策を支持する傾向にあったことを明らかにした（Bartels 2008, ch.6）。これは，政策の内容を知らない人々ほど減税を支持した可能性が高いことを示唆している。次節で示すように，一般に所得階層が低くなるほど政治知識量も低下することから，減税によりむしろ損をする低所得の有権者ほどその政策を支持したかもしれない

4. 政治知識量と政治判断 ● 47

のである。つまり政治知識の欠如が，結果として，望ましくない政策を支持するという判断につながった可能性が高い。

⑤ 政治知識量の格差

図2.3や図2.4は，有権者の間には政治知識量にかなりの格差が存在することを示している。ではどの有権者が政治知識をより多く持つのだろうか。つまり，どういう特徴を持つ有権者が政治知識をより多く蓄えているのだろうか。

先ほども紹介したデリカーピニとキーターの研究によると，政治知識の獲得や蓄積は能力，意欲，そして機会によって決まる（Delli Carpini and Keeter 1996）。能力とは新しい情報を理解し記憶する力を指し，意欲とは新しい情報を求め学習するという欲求を指す。機会とは新しい情報の伝達経路（例えば新聞やテレビニュース）が身近に存在することを意味する。能力や意欲が高く，また新しい情報に接する機会に恵まれた有権者ほど政治知識量が多くなることが予想される。

これら3つの要因と密接に関連するのが，教育程度や所得といった有権者の個人的な特徴である。教育程度や所得が高い有権者は，新しい情報の獲得に必要な文章の読解力や新しいことを学ぶ意欲が高いと考えられる。こういった有権者は，新聞などから効率的に情報を収集でき，また定期的にテレビニュースを見たりするだろう。また同じ教育程度を持つ仕事場での同僚や友人との会話を通じて，新しい政治的情報に接する機会も多い。その結果，教育程度や所得が高くなれば政治知識量も多くなると考えられる。

実際，教育程度や所得と政治知識量には強い関係がある。これをデータで確認してみよう。政治知識量を測定するために，図2.3や図2.4で用いた制度や公職に関するクイズの正答数を用いる。正答数は0〜6の値をとる。所得レベルは，200万円未満，200-600万円未満，600-1000万円未満，1000万円以上の4グループに分けた。教育程度は，大卒未満かそれ以上かで回答者を分別した。そして，所得グループごと，教育程度ごとに正答数の平均値を計算した。

図2.5は重要な結果を示している。図の（a）によると，世帯所得が上昇す

48 ● CHAPTER 2 有権者の政治知識と判断

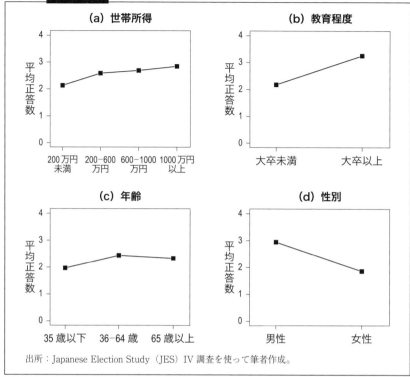

図 2.5 個人的属性と政治知識量

出所：Japanese Election Study（JES）IV 調査を使って筆者作成。

ると正答数の平均値も上昇する。世帯所得が 200 万円未満の回答者の平均正答数は 2.13 であるのに対し，世帯所得が 1000 万円以上の回答者の平均正答数は 2.83 と 0.7 の差がある。同様に，図の (b) によると，大卒未満の回答者に比べ大卒以上の回答者の平均正答数は 1.05 高い。

次に年齢の影響を見てみよう。年齢が上がるほど，政治への理解が蓄積されていくために情報の理解能力も上がっていくだろう。また若年層と比較して中高年層は，税金の支払いや福祉サービスなど生活において，政治とより密接に関わることが多いので，政治について学ぶ意欲や関心が高いと考えられる。**図 2.5** の (c) は年齢による正答数の平均値を比較している。年齢に関しては，35 歳以下，36 歳から 64 歳以下，65 歳以上の 3 グループに回答者を分けた。平均正答数が最も多いのは 36 歳から 64 歳の回答者（= 2.45）であることがわかる。正答数が最も少ないのは 35 歳以下の回答者（= 1.97）で，中年層とは

5 政治知識量の格差 ● 49

0.5 の差がある。65 歳以上の平均正答数は 2.35 である。36 歳から 64 歳の回答者の知識量が多いのは，この年代の人々が税金の大部分を負担しており政治決定により生活が大きな影響を受けること，年齢とともに政治知識が蓄積されていくことなどがその理由であると考えられる。

図 2.5 の (d) は，性別と政治知識量の関係を調べている。男性に比べ女性の正答数が 1.05 少ないことを示している。この理由はいくつか考えられる。1 つは所得や教育程度の違いである。年齢が上がるほど進学率や労働市場での男女の格差が大きい。前述したように，所得や教育程度が上がれば政治に関する情報に触れる機会が多くなることから，男女間の所得差や教育程度の差が政治知識量の差を生むと考えられる。もう 1 つは，社会における役割認識の影響である。男性は外で働き，一方で女性は家庭を守るといった，女性を私的な領域の活動に閉じ込めようとする伝統的な性別の役割認識も根強く存在する。もし女性は政治に関わる必要がないと男女とも見なすのであれば，女性が政治に関して議論したり情報を集めたりすることは少なくなるだろう。

これらの結果は，応答性の確保において重要な意味を持つ。政治知識量の多い有権者ほど選挙を通じて応答性の低い政治家や政府を排除できる可能性が高い。また，このような可能性を認識している政治家や政府は，再選を目指して政治知識量の多い有権者の意見に耳を傾けようとするだろう。図 2.5 からわかるように，政治知識量の多い有権者とは世帯所得や教育程度が高い，中高年，そして男性であるという特徴を持つ。このような特徴を持つ有権者は選挙を通じて自分たちの望みを実現できる可能性が高く，一方で世帯所得や教育程度が低く，あるいは若年，女性といった特徴を 1 つでも持つ有権者の望みは実現される可能性が相対的に低くなる。

政治判断の手がかり

政治知識に関するここまでの議論は，多くの有権者が自分にとって望ましい政策や政党を選ぶのに必要なだけの知識を持っていないことを示唆している。政治知識量の多い有権者は，自分にとって望ましい政策を正しく選択すること

ができ，また選挙の際に自分にとって最善の政治家や政党を見つけ出せる可能性が高い。一方で，限られた知識しか持たない有権者は，自分のニーズや価値観に沿った政策を選ぶのが難しいだろうし，またどの政治家や政党が自分にとって望ましいのかを正しく評価できず，結果として応答性の低い候補者に投票してしまうかもしれない。特に低所得者層，低学歴層，若年層，女性有権者にとってこの問題は深刻である。

しかし，第3章で詳しく論じるように，知識量は限られていても有権者は自分にとって望ましい判断を下す方法を持っている。有権者が政治に関してすべてを詳細に知ることが時間的にも能力的にもできないのであれば，政治的な判断を効率よく下すために何らかのヒントのようなものを見つければいい。例えば，ルピアとマカビンズは，有権者は信頼できそうな情報提供者を見つけることさえできれば自分にとって望ましい判断を下せると論じている（Lupia and McCubbins 1998）。

ではいったい誰を情報提供者として信頼すればいいのだろうか。有権者にとって信頼できる情報提供者には条件が2つある。1つはその情報提供者が自分よりもより多く知識を持っていること，もう1つは同じような政治的目標を持っているということである。2つ目の条件がなぜ重要かというと，情報提供者が情報の受け手である有権者をだます可能性が低くなるからである。これらの条件を満たす情報提供者の代表的な例が，政治家や利益団体など政治的リーダーである。他にも，自分の家族や友人，あるいは所属する企業や団体なども情報提供者として有権者が活用することも知られている。

例えば原発再稼働の是非に関して住民投票が行われるとしよう。再稼働にはメリット（例えば電力を安定供給することなど）やデメリット（災害の際の安全性が不確定など）が伴うが，より詳しい情報を得ない限りはメリットとデメリットのどちらがより大きいのかの判断がつかないとする。そこで，ある環境NGO団体の意見を見ると，この団体は再稼働に反対していることがわかった。この場合，この団体は再稼働の結果に関して多くの情報を持っているだろうし，また団体の過去の主張や業績から判断して自分と比較的近い政治的目標を持っていると考えたとする。この場合，効率よく政治判断を行うために，再稼働について自分でこれ以上情報を集めるのをやめ，この団体の判断にしたがって再稼

働反対に投票するのである。

　政治家や利益団体を情報提供者として活用する場合，難しいのは誰が自分と同じ政治的目標を持っているかを判断することである。この際に重要になるのが党派性やイデオロギーである。第3章ではこれらの言葉の意味を紹介した後で，どのようなかたちで有権者の政治判断を手助けするのかを説明する。

参照文献　　　　　　　　　　　　　　　　　　　　　　　　**Reference** ●

　Bartels, Larry M. 2008, *Unequal Democracy: The Political Economy of the New Gilded Age*, Princeton University Press.

　Delli Carpini, Michael X. and Scott Keeter 1996, *What Americans Know about Politics and Why It Matters*, Yale University Press.

　Lupia, Arthur and Mathew D. McCubbins 1998, *The Democratic Dilemma: Can Citizens Learn What They Need to Know?*, Cambridge University Press.（山田真裕訳『民主制のディレンマ——市民は知る必要のあることを学習できるか？』木鐸社，2005年）

CHAPTER

第 **3** 章

党派性とイデオロギー

OVERVIEW

　この章では，私たち有権者はいったい何を手がかりにして個別の政策についての意見を決めたり，政党や政治の意見を正しく認知したりするのかを考える。多くの有権者は判断の手がかりとして「自民党」といった党派性や「保守・革新」といった政治的イデオロギーを用いる。普段支持する政党や特定のイデオロギーを持つ有権者は，政治についてあまり知らない場合でも各政党の意見を正しく認知できているということを紹介する。また近年の日本における党派性やイデオロギーの重要性の低下が，有権者にとってどのような意味を持つのかを考える。

1 はじめに

　第2章で見たように，多くの有権者は政治について豊富な知識を持っているとは言えない。これは，日本のみならず他国でも広く見られる現象である。知識が限られる場合，有権者はどの政策が自分にとって望ましいのかや，どの政党が自分の利益を代表しているのかを正確に判断できないかもしれない。

　例えば，自分が消費税率を上げることに反対していても，各政党の公約を知らなければ，選挙において自分と同じ意見の政党を正しく選べない。そもそも，増税に反対することが自分にとって望ましい選択なのかどうかも自信がないということもありうる。大部分の有権者が政策の良し悪しを判断できない，自分と近い政策立場の政党を見つけられないということであれば，応答性を維持することは難しくなり，代表民主制はうまく機能しないだろう。

　しかしながら実際のところ，政治知識量が限られているからといって，私たち有権者は当てずっぽうに政策についての意見を決めたり，選挙で投票先を決めたりしているわけではない。政策の良し悪しや政党の政策立場についての判断を下すために，知識が限られた有権者は**ヒューリスティクス**を用いることができる。ヒューリスティクスとは，知識の限られた状況下において，情報収集コストを最小限にしつつもできるだけ正しい判断を行いたいときにしばしば用いられるさまざまな手がかりのことを指す。重要な政策の詳しい中身や各政党の公約についての知識が限られているとき，新たに情報を集めれば正しい判断が下せる可能性が高まる。しかし情報を集める余裕がないときには，ヒューリスティクスを使って，「この政策はこんな中身だろうから自分にとって望ましいだろう」とか「この政党はこういう政策立場を取るはずだ」と推測をして，最終的な判断を下すのである。

　ヒューリスティクスは政治においてだけでなく，日常生活でも人々が判断を下す上でしばしば重要な役割を果たす。例えば，自分は投資について何も知らないのだが，たまたま知人からある株式への投資を勧められたとしよう。投資によって利益を得るかもしれないし，損をするかもしれないので決断には慎重

54 ● CHAPTER 3　党派性とイデオロギー

になるはずである。このとき投資するべきかどうかの判断の手がかりとなるのが，株式や投資に直接に関係のない知人の職業や学歴といった情報である。もし知人が銀行員で高学歴であれば，「株式や投資のことはよくわからないが，彼は専門家だし経済についての知識も豊富だろうから彼の話は信用できる」と判断して投資を行うかもしれない。もちろんその知人の情報に基づいた判断が正しいとは限らない。しかし，株式投資について勉強をする時間もなく，また他に情報を何も持たない中では，個人の特徴というヒューリスティクスは1つの有力な手がかりとなることは確かであろう。

　この章では，政治についてあまり知識を持たない有権者が判断を下すときに，**党派性**や政治的**イデオロギー**をヒューリスティクスとして用いることを説明していく。政治についての知識をあまり持たない有権者でも，党派的・イデオロギー的志向を持つ有権者はそれらに即した推測を行うことで，ある程度は政党の政策立場を言い当てることができ，その結果として自分の利益を代理してくれる候補者や政党を正しく選択できるのである。

　以下ではまず党派性とイデオロギーの意味を紹介した後で，それらがどのようにして私たち有権者の判断を助けてくれるのかを説明する。その上で，政治判断において党派性やイデオロギーなどのヒューリスティクスに頼ることの弊害や，それらの重要性が近年の日本では衰退しつつある現状が私たちにとって何を意味するのかを論じる。

 党派性とは何か

　国を問わず政治や選挙について議論をするときには，「〇〇党の支持者」という表現がしばしば用いられる。日本の場合であれば，自民党，民主党，公明党，共産党などを対象として，それらの政党への支持や不支持が話題にのぼる。では，政党を支持すること，あるいは特定の政党に好意を抱くということ，つまり「党派性」とはいったい何を意味するのであろうか。

　1950年代から1960年代にかけて，アメリカのミシガン大学の研究者であったコンバースたちはその研究の中で，党派性とは特定の政党に対する心理的・

感情的愛着であると論じ，それを**政党帰属意識**と呼んだ（Campbell et al. 1960）。この党派性の概念においては，民主党と共和党というアメリカの2大政党のうち，有権者がどちらの政党集団に愛着を感じるか，そしてその集団に帰属していると感じるかが重視され，こうした帰属意識を調べる際には，「一般的に言って，あなたは自分自身のことを民主党員（Democrat）であると思いますか，共和党員（Republican）であると思いますか，無党派であると思いますか」という質問文が用いられる（なおアメリカの場合正式な党員所属はなく，ここで「党員」と訳したのはその政党に帰属意識を持っているという意味である）。政党帰属意識という考えを発展させたコンバースたちは一般的に，ミシガン学派と呼ばれる。

「特定の政党に自分は属している」という意識は必ずしも明確な理由に基づくものではない。例えば，ある政党を支持する理由を聞かれたとき，「ウチは昔から○○党だから」などと答える有権者がいるが，こうした有権者の特定政党への習慣的な愛着は，政党帰属意識の意味をよく表している。このような特定の政党に対する心理的・感情的愛着としての政党帰属意識は，幼少期からの成長過程において，主に両親から受け継がれると考えられてきた。人は党派性を持たずに生まれてくるが，特に青年期における家庭での会話などを通じて知らず知らずのうちに両親が支持する特定の政党への愛着が受け継がれるのである。

これは，野球などのプロスポーツ・チームのファンになる過程と似ている。例えば，どのプロ野球チームを応援するかは，自らが選び取るものというより，むしろ両親をはじめとする家庭環境の影響によって決まることが多いだろう。家のテレビではいつも特定の野球チームの試合が流れており，父親がそのチームを熱心に応援していて，たまに球場に連れて行ってくれる。そのような環境で育った子どもは父親と同じ野球チームに心理的な愛着を感じ，そのファンになる可能性が高い。同じようなメカニズムで受け継がれた特定の政党への心理的・感情的愛着は成長してから変化することなく，持続的かつ安定的な党派性となる。

ところが，政党帰属意識は持続的かつ安定的であるというミシガン学派の主張は，1960年以降のアメリカ社会の現実と合致しなくなった。大国としての自信に満ち溢れ社会が比較的安定していた1950年代の「古き良きアメリカ」

56 ● CHAPTER **3** 党派性とイデオロギー

では，有権者の党派性は安定的に推移した。しかし，1960年代以降のアメリカではアフリカ系アメリカ人への差別撤廃を求める公民権運動やベトナム反戦運動が展開され，既存の秩序に対する抗議運動が活発になった。その激動の時代の中で，どの政党にも帰属意識を持たない，いわゆる無党派層が増加し，有権者の政党帰属意識が激しく変動するようになったのである。いったん獲得された政党帰属意識はそのまま持続するのではなく，時間とととともに変化することがわかり，この発見がミシガン学派による党派性の理論の妥当性に疑問を投げかけたのである。

　政党帰属意識が変化する理由として，フィオリーナは政党帰属意識が形成される新たなメカニズムを提示した（Fiorina 1981）。フィオリーナは，政党帰属意識は，何らかのはっきりした理由に基づき，人々が自ら選び取るものであると論じた。すなわち人々は自らの利益が何であるかを理解した上で，各政党がその利益のために働いているかどうかを判断する。そして自らの利益に最も適った業績を持つ政党への好感度を高め，やがてその政党への帰属意識を持つようになるのである。こうした業績評価は刻一刻と変化する情勢に応じて更新され続ける。そして場合によっては政党帰属意識が変化し，今まで帰属意識を感じていた政党から新たに別の政党に帰属意識を持つようになったり，単に政党帰属意識を失い無党派になったりする。こうした政党帰属意識形成のメカニズムは，政党帰属意識を日々更新される計算記録（running tally）としてとらえるものであり，近年の政党帰属意識の時間的不安定さや無党派層の増大をよりうまく説明するとされた。

　こうした政党帰属意識の概念は，日本における党派性の考え方にも影響を与えた。ただし，日本では政党帰属意識ではなく，政党支持態度として党派性の意味が理解されている。政党帰属意識と同様に，政党支持態度も特定の政党に対する心理的・感情的愛着として定義される。しかし，政党帰属意識は人々を包括する政治的準拠集団である政党に自らが帰属するという意識であったのに対し，政党支持態度はあくまでも政党の外部にいる人々が政党集団を「支持」するという態度である。このことは世論調査での質問文にも表れており，例えば一般的に「あなたはどの政党を支持していますか」という質問によって政党支持は測定されている。

日本における政党支持に関する研究を行ってきた三宅は，日本人の政党支持は変化しやすく，時間的な安定性を著しく欠いていると論じている（三宅 1989）。例えば，自民党の支持率は，2009 年から 2012 年にかけての民主党政権下では平均して 15% 程度であったが，2012 年以降の第 2 次安倍政権ではその倍以上の 40% 程度を概ね維持するなど短期間で大きく増加している。これは 1 つには，政党を「支持していますか」という言葉が，今選挙があればどの政党に「投票するつもりですか」という意味として人々に理解され，政党支持と投票意図とが区別できないかたちで測定されていることが理由であると考えられる。

③ 手がかりとしての党派性

こうした党派性は，知識の限られた有権者が自分にとって望ましい政策や政党を選ぶための手がかりとしての役割を果たす。代表民主制下の有権者は，できるなら自らの利益を最も良く代弁してくれる政治家や政党を当選させるために，候補者や政治家の違いを正確に理解したいと願っている。しかし有権者は日々の生活に忙しく，各政党の公約や業績に関する情報を集めるだけの時間的な余裕がない。

このような状況下で，知識量の限られた有権者が使う方法の 1 つは，さまざまな政策における複雑な政治的利害対立を政党どうしの対立と置き換えて理解することである。例えば，消費増税に関する各党の政策立場の詳細はわからなくとも，自分の支持する政党であれば，自分の意見に近いであろうと考える。一方で自分が支持しない政党であれば，自分の意見とはきっと異なるだろうと推測するのである。そして一種の経験則として自分が支持する政党に投票しておけば多くの場合うまくいくと信じ，政策争点や政党の公約についての具体的な知識がなくても，自分の支持政党を手がかりにして投票先を決めるのである。つまり，「自分が支持している政党が推している候補者だから」という「党派性のレンズ」を通すことで，決断を簡略化しているとも考えられている。

党派性と投票の関係については第 5 章で詳しく見ることにするが，ここでは

党派性を持つ有権者は政党の政策立場を正しく認知しているのかどうかを確認していく。特に，政治知識量が不足しているが自分の支持する政党を持つ有権者は，主要な政策争点における政党の政策立場を正しく言い当てられるかどうかを見てみる。

　まずは，政治知識量の多い有権者ほど，政策争点における政党の政策立場を正しく認知しているかどうかを見てみよう。政治知識量を測るために，第2章で用いたのと同様の計6問の政治関連のクイズに対して回答者が正答できたかを調べる。具体的には，日本の再審制度，内閣の国会に対する責任，参議院議員の任期，2010年に与党であった民主党の政治家3人の政府における役職についての質問を用い，回答者が何問に正答できたかを数えた。そして，全回答者の平均正答数を下回る回答者を低知識グループ，上回る回答者を高知識グループとする。ここでは，回答者の正答数の平均値は2.73だったので，2.73より少ない正答数（0から2）を持つ回答者を低知識グループ，2.73よりも多い正答数（3から6）を持つ回答者を高知識グループと分類した。

　一方で，政策争点における政党の政策立場を正しく認知しているかどうかを調べるために，「日米同盟を強化すること」「消費税を増税すること」「外国人に参政権を与えること」の3つの政策争点について自民党がどのような政策立場を取っているか尋ねた質問を用いた。調査が行われた2010年当時の状況に基づいて，自民党は「日米同盟を強化すること」では「賛成」，「消費税を増税すること」では「賛成」，「外国人に参政権を与えること」では「反対」という政策立場を持っていたと見なし，そう答えた回答を正解とした（「わからない」と答えた場合は不正確とした）。これら3つの争点に対する正答数を回答者ごとに数えた。そして，高知識グループと低知識グループごとに，3つの政策争点における自民党の政策立場についての正答数の平均値を計算した。

　図3.1は，各知識量グループの正答数の平均値を示している。これによると，高知識グループでは3つの政策争点のうち平均1.84個の争点について正しく自民党の立場を言い当てられたのに対し，低知識グループでは平均1.14個の争点でしかそれができなかった。つまり，政治についての知識を多く持ち合わせている有権者ほど政策争点における政党の政策立場を正しく認知できるのである。

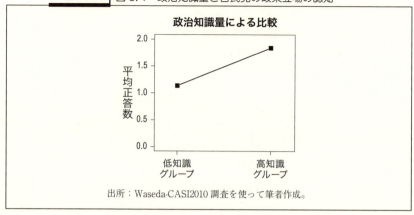

CHART 図3.1 政治知識量と自民党の政策立場の認知

出所：Waseda-CASI2010 調査を使って筆者作成。

　次に**図3.2** (a) は，全体の回答者を，支持する政党を持つ回答者グループと支持する政党を持たない回答者グループとに分け，それぞれについて3つの政策争点上の自民党の立場についての正答数の平均値を算出し，比較したものである。これによると，支持する政党を持つグループでは3つの政策争点のうち平均1.57個の争点について正しく自民党の政策立場を言い当てられたのに対し，支持する政党を持たないグループでは平均1.37個の争点でしかそれができなかった。つまり支持する政党を持つ有権者ほど，政党の政策争点上の立場を正しく認知できたのである。

　ここまでは「政治知識量が多いと政党の政策争点上の立場を正しく認知できる可能性が高まること」，そして「支持政党を持つと政党の政策争点上の立場を正しく認知できる可能性が高まること」の2点を明らかにした。では，政治知識量が少ない有権者でも，党派性を持つことで政党の政策立場を正しく認知できる可能性が高まるのであろうか。

　図3.2 (b) は，低知識グループの回答者を，支持政党を持つグループと支持政党を持たないグループとに分け，それぞれについて3つの政策争点上の自民党の立場についての正答数の平均値を比較したものである。これによると，支持する政党を持つグループでは3つの政策争点のうち平均1.24個の争点について正しく自民党の政策立場を言い当てられたのに対し，支持する政党を持たないグループでは平均0.85個の争点でしかそれができなかった。つまり党派

CHART 図3.2 政党支持と自民党の政策立場の認知

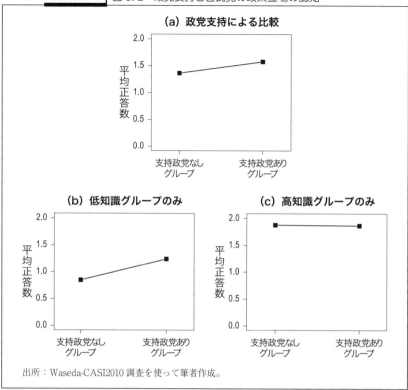

出所：Waseda-CASI2010調査を使って筆者作成。

性を持つことは政治知識量の少ない有権者の正しい政治的認知を助けるのである。

最後に，**図3.2**（c）は，高知識グループの回答者を，支持する政党を持つグループと支持政党を持たないグループとに分け，それぞれについて3つの政策争点上の自民党の立場についての正答数の平均値を比較したものである。これによると，支持する政党を持つグループでは3つの政策争点のうち平均1.84個の争点について正しく自民党の政策立場を言い当てられたのに対し，支持する政党を持たないグループでも平均1.86個の争点でそれができた。つまりすでに高い政治知識を持つ有権者にとっては，党派性を持っていようといまいと正しい政治的認知を持つ割合に大きな違いはないと言える。

以上の分析は，政治に関する知識を豊富に持たない有権者にとっては，党派

性が手がかりとして機能している可能性を示している。つまり知識を豊富に持たなくても，党派性を持つことで，政治家や政党を選択するときに正しい判断を行えるようになるのである。党派的に政治的利害対立を理解することで，政治知識をあまり持たない有権者も各政党の政策立場をより正確に理解できるようになるのであれば，有権者は自分にとって望ましい政党や政治家を誤って選んでしまう可能性は低くなるであろう。

　また，党派性は政党ではなく候補者個人に投票する場合に，より重要な役割を果たす。なぜなら，個々の候補者については政党以上に情報が少なく，有権者にとって情報を取得するコストが高いからである。単なる無所属の個人が選挙に立候補したところで，有権者からすればその候補者がよほどの有名人でない限り情報が少なく，果たしてその人物が自分の利益の代理人となるのか，しっかりと仕事をしてくれるのかについて確信が持てない。ところが，その同じ無名の候補者でも政党の公認を得て立候補しているのであれば，有権者はその政党と自分の党派性とを照らし合わせて，その候補者が自分にとって利益になるのかどうか，ちゃんと仕事をしてくれるのかをより判断しやすくなる。つまり，政党のラベルを帯びることで候補者は，党派性を理解する有権者に対して自分がどのような主張を持っているのか，より効果的に伝えることができるのである。

4. イデオロギーとは何か

　党派性と同様，イデオロギーもまた，政治において重要な概念である。イデオロギーは一般的に「○○主義」あるいは「××イズム」といったかたちで表される。例えば，自由主義（古典的自由主義），社会主義，共産主義，リベラリズム（現代的自由主義），リバタリアニズム，コミュニタリアニズムなどである。これらのイデオロギーはそれぞれ，複雑な現実を簡潔に矛盾なく理解して価値判断を行うための（政治的）世界観である。

　例えば，人間として同程度の豊かな生活を送れているかなど実質的な平等を重視するリベラリズムの立場からすると，所得格差は見過ごすことのできない

深刻な問題である。よって，リベラリズムの立場を取る人々は，格差を低減するために，格差が発生する原因である行き過ぎた自由競争を政府の力で規制すること，所得に応じて税金が高くなる累進課税制度を徹底すること，そして豊かな人から貧しい人へと所得再分配が行われることを求める。リベラリズムの立場を取る人々は平等を実現するために政府の役割を重視するので，第1章で紹介した「大きな政府」を求める人々であるとも言える。

　一方，人間として法的に同じ権利を持っているかなど形式的な平等を重視する古典的自由主義の立場からは，所得格差は自由な競争の当然の結果であるとして大きな問題とは見なされない。むしろ企業の自由な活動を妨げる規制や税金が問題だと見なす。よって，結果ではなく機会の平等を重視すること，経済活動における政府の介入をできるだけ減らすこと，そしてある程度の所得格差は許容されるべきであることを主張する。古典的自由主義の立場を取る人々は政府の役割をできるだけ小さくすることを重視するので，第1章で紹介した「小さな政府」を求める人々であるとも言える。

　このように異なるイデオロギーを持つ人々の間では，「所得格差」「自由競争」「累進課税制度」など同じ問題についての意見もそれぞれ大きく異なる。一方で，同じイデオロギーを持つ人々の中ではこれらの意見は一貫性を帯びる。

　政治行動論の分野では，イデオロギーは一貫性を持つ政治信念体系であると見なされてきた。発達した強い政治信念体系を持つ人々は確固たる1つの世界観に基づいて各争点についての態度を形成するので，政策についての意見は一貫性を帯びる一方で，そうでない人々は各争点について原理的に一貫した意見を表明することができない。コンバースは，世論調査において，種々の経済・社会争点について一貫して同じ立場を支持するような政策意見を表明した回答者を，イデオロギーを有する**イデオローグ**，反対にほとんど無作為に政策意見を表明した回答者を**非態度**とそれぞれ分類した（Converse 1964）。

　戦後の日本における代表的なイデオロギーは保守主義と革新主義である。保守主義あるいは革新主義の具体的な内容は時代や場所によって異なるが，日本の場合，保守主義は大きく「天皇制擁護」「憲法改正賛成」「日米同盟支持」などの意見と結びついてきた。一方で，革新主義は「天皇制批判」「憲法改正反対」「日米同盟不支持」などの意見と結びついており，これら2つのイデオロ

4　イデオロギーとは何か　●　63

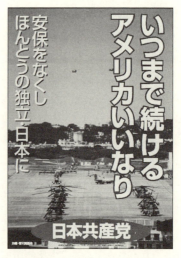

自民党と共産党のポスター（自民党，共産党よりそれぞれ提供）

ギーは相互に対立し戦後日本政治を形作ってきた。

　こうした世界観としての保守−革新イデオロギーの違いは政党の選挙ポスターにも表れている。例えば，2012年衆院選のときの自民党のポスターにあったコピーは「日本を，取り戻す。」であったが，これはすでに失われた古き良き日本の伝統があるという世界観の表れといえる。一方で，2003年以来，共産党のポスターにあるコピーは「いつまで続けるアメリカいいなり」であるが，これは現時点で日本はアメリカに従属しているとの世界観の表明ともとれる。こうした共通の世界観としてのイデオロギーを有する有権者の間では，各争点に対する一貫した共通の態度が見られるのである。

5　手がかりとしてのイデオロギー

　このような世界観としてのイデオロギーは，有権者が自分にとって望ましい政策や政党を選ぶ上で，重要な役割を果たすと考えられる。先にも述べたとおり，有権者にとって，自らの利益を議会において最も良く代弁してくれそうな政党や政治家を選ぶために，情報収集コストを最小限にしつつ各政党の主張を

正しく理解することが課題である。このような状況下で，有権者が取る1つの方法は複雑な政治的利害対立をイデオロギー的世界観の中で単純化して理解することである。例えば，沖縄にあるアメリカ軍基地への対応に関する各党の政策立場の詳細はわからなくとも，保守−革新が対立する世界観の中で各政党の政策立場を理解できるのであれば，「自民党はアメリカの利益になることを行うに違いない」などと，自民党のアメリカ軍基地問題に対する態度をだいたい予想することができるだろう。

　ここでは，実際に保守か革新かいずれかのイデオロギーを持ち，政治的利害対立をイデオロギー的に理解できる有権者ほど，知識不足にもかかわらず政党の政策争点における立場を正しく言い当てられるかどうかを調べてみる。先に見た**図 3.2**（a）では政党支持があるかないかで回答者を分けて，3つの政策分野における自民党の立場を正しく言い当てられるかを比較した。今回は，イデオロギーを持つかどうかに注目する。

　回答者のイデオロギーは，「革新的」から「保守的」まで0から10の11点の尺度を用いて測る。調査では，回答者に自分のイデオロギーはこの尺度のどこに位置づけるかを尋ねている。自分を革新的だと見なす回答者ほど小さい数字を，一方で自分を保守的だと見なす回答者ほど大きい数字を選ぶはずである。ここではこの尺度のちょうど中間にある「5」と回答した者および「わからない」と答えた者を，イデオロギー思考ができない回答者と見なし，最もイデオロギー思考の度合いが低い「0点」を与え，ここから保守側，革新側の両端に近づくにつれ高い点数を与えるという方法で，0から5の6点尺度を持つイデオロギー思考の指標を新たに作る。そしてこの平均値を計算し，平均値より高い点数を持つ者を高イデオロギーグループ，低い点数を持つ者を低イデオロギーグループとする。ここでは，回答者のイデオロギー思考の指標の平均値は1.50だったので，1.50より低いイデオロギー思考の指標の値（0か1）を持つ回答者を低イデオロギーグループ，1.50よりも高いイデオロギー思考の指標の値（2から5）を持つ回答者を高イデオロギーグループと分類した。

　図 3.3（a）は，回答者全体を高イデオロギーグループと低イデオロギーグループとに分け，それぞれについて3つの政策争点上の自民党の立場についての正答数の平均値を比較したものである。これによると，高イデオロギーグルー

5　手がかりとしてのイデオロギー　● 65

| CHART | 図3.3　イデオロギーと自民党の政策立場の認知

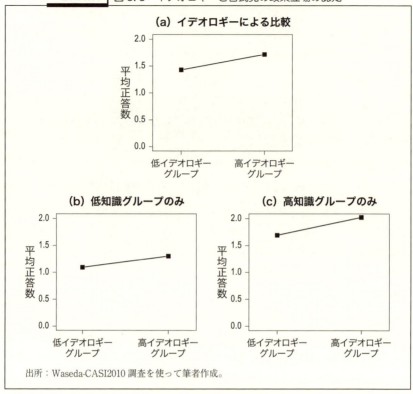

出所：Waseda-CASI2010調査を使って筆者作成．

プでは3つの政策争点のうち平均1.73個の争点について正しく自民党の政策立場を言い当てられたのに対し，低イデオロギーグループでは平均1.41個の争点でしかそれができなかった。つまりイデオロギーを持つ有権者ほど，政党の政策争点上の立場を正しく認知できたのである。

次に本題に入って，果たしてイデオロギーを持つことは政治知識が少ない有権者の正しい政治的認知を助けるのであろうか。図3.3 (b) は，低知識の回答者を，高イデオロギーグループと低イデオロギーグループとに分け，それぞれについて3つの政策争点上の自民党の立場についての正答数の平均値を算出し，比較したものである。これによると，高イデオロギーグループでは3つの政策争点のうち平均1.31個の争点について正しく自民党の政策立場を言い当てられたのに対し，低イデオロギーグループでは平均1.09個の争点でしかそれが

できなかった。つまりイデオロギーを持つことは政治知識が少ない有権者の正しい政治的認知を助けるのである。

最後に，**図3.3**（c）は，高知識の回答者を，高イデオロギーグループと低イデオロギーグループとに分け，それぞれについて3つの政策争点上の自民党の立場についての正答数の平均値を算出し，比較したものである。これによると，高イデオロギーグループでは3つの政策争点のうち平均2.03個の争点について正しく自民党の政策立場を言い当てられたのに対し，低イデオロギーグループでは平均1.69個の争点でしかそれができなかった。つまり党派性の場合とは異なり，イデオロギーは政治知識が高い有権者の正しい政治的認知をも助けるのである。

以上の分析は，イデオロギーは政治に関する知識の量の多少にかかわらず，有権者にとって，選挙において望ましい政党や政治家を選ぶための手がかりとしてうまく機能していることを示唆する。イデオロギー的に政治的利害対立を理解することで，政治知識をあまり持たない有権者のみならず豊富な政治知識を持つ有権者も，各政党の政策立場をより正確に理解できるようになるのであれば，その分，有権者は自分の利益を代表しない代理人を誤って選択する可能性は低くなるであろう。

無党派層の増大と脱イデオロギー化

ここまで見てきたように，党派性やイデオロギーは，政策や政党に関する情報を収集するコストを最小限に抑えつつ，有権者が政党の政策立場を理解するのを助け，自らの利益に最も適った政党に投票することを可能にしている。すなわち，党派性やイデオロギーは有権者の利益を代弁する政党や政治家が選ばれやすくすることで，応答性の向上に貢献しているとも言える。政治を理解するためにあまり時間を割けない有権者が多数を占める現代民主社会において，党派性やイデオロギーは非常に重要な役割を果たしているのである。

しかしながら，日本を含む先進国では**脱イデオロギー化**や支持政党を持たない**無党派層**の増大が顕著に見られるようになってきた。これらの現象は政治に

CHART 図 3.4 「支持政党なし」の時系列の変化

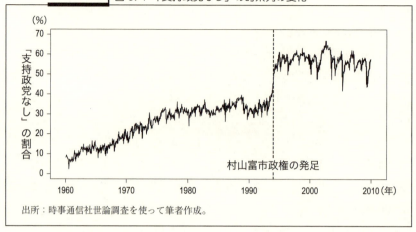

出所：時事通信社世論調査を使って筆者作成。

対する有権者の代表性について、いったいどのような意味を持つのであろうか。

まず図 3.4 は、1960 年 6 月から 2010 年 5 月までの 50 年間の月ごとの無党派層の割合の時間的変化を示したものである。図 3.4 によると、どの政党も支持しないと答える有権者の割合は、20% 未満と低かった 1960 年代から 40% にも達する 1980 年代後半にかけて徐々に増えてきた。そして、自民党と社会党（現社民党）が連立を組んだ 1996 年 6 月の村山政権誕生時に急激に増加し、50% 以上を記録した。それ以降現在に至るまで、概ね 50% 台と高い水準で推移している。つまり、調査によって結果が多少異なるものの、現在においては有権者の大多数は特定の政党を支持していない、と言えるのである。

また図 3.5 は、2010 年時点での年代別の政党支持割合を示したものである。これによると概ね若い年代ほど、「支持政党なし」かあるいは、「わからない」と答える割合が高くなっているのがわかる。20 歳代、30 歳代では「支持政党なし」および「わからない」と答える割合は合わせて 50% を超えるのに対し、60 歳代、70 歳代ではせいぜい 30% 程度である。このように世代間で支持政党なしの割合が大きく異なるのは、1 つには年齢が高くなるにつれ支持政党を持つようになるということが考えられるが（**加齢効果**）、図 3.4 のように年々支持政党を持たない有権者の割合が増えていることからすると、遅い時代に生まれた有権者ほどそもそも最初から支持政党を持っていなかった（**世代効果**）、ということも考えられる。

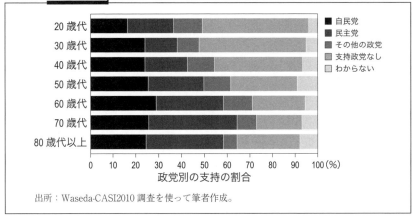

CHART 図3.5 年代・政党別の支持の割合

出所：Waseda-CASI2010 調査を使って筆者作成。

　さらに**図3.6**は，1972年から2012年までの40年間の衆院選ごとの保守的と答える有権者の割合，中間あるいはわからないと答える有権者の割合，革新的と答える有権者の割合をそれぞれ折れ線グラフで示したものである。これによると，1990年代半ばまでは概ね保守的と答える有権者の割合が最も高かったが，1996年10月の衆議院選挙時の調査以降は中間，あるいは「わからない」と答える有権者の割合が最も多くなり，それ以降，常に40%台半ばから後半を記録している。つまり，現在においては有権者の大多数は保守や革新といったイデオロギーを持たないのである。

　最後に71ページの**図3.7**は，2010年時点での年代別のイデオロギーの分布を示したものである。これによるとイデオロギー分布に関しては世代間で特徴的な違いは見られない。中間あるいは「わからない」，と答える有権者の割合は，20歳代以外，どの年代でも概ね40%前後と高い割合を示している。どの年代でも共通して保守や革新のイデオロギーを持たない有権者の割合が高いということは，ある特定の事件や出来事がどの年代の有権者にも共通して影響を与え，脱イデオロギー化が進んだということが示唆される（**時代効果**）。

　こうした無党派層の増加および脱イデオロギー化はなぜ起こったのであろうか。これら2つの現象が1990年代半ばの同時期に起こったのは決して偶然ではない。かつて第2次世界大戦後の冷戦下では，世界各国がアメリカを中心とする自由主義陣営と，ソビエト連邦を中心とする社会主義／共産主義陣営とに

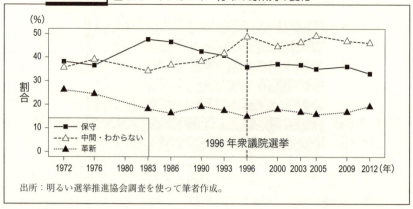

図3.6 イデオロギー分布の時系列の変化

出所:明るい選挙推進協会調査を使って筆者作成。

分かれてイデオロギー的に対立していた。そしてこの対立は国内の政治にも色濃く反映されていた。日本では自民党が「保守」としてアメリカの支持を受けつつ政権を担う一方、ソ連の影響を間接的に受けた社会党および共産党が「革新」としてこれに対立していた。つまりイデオロギー対立の構図が明確で、「保守」が何を意味するのか、「革新」が何を意味するのかが明確であった。

しかしやがて1989年に冷戦が終結し1991年にソ連が崩壊すると、もはや社会主義や共産主義はその現実性を失い、イデオロギー対立の一角が崩れた。それに呼応するかのように日本では、自民党から3つの保守系の新党が飛び出し、いわゆる1993年の新党ブームを巻き起こしたが、有権者はこれら3新党を従来の保守−革新のイデオロギー軸上のどこに位置づけるかについて困難を感じた。さらに1990年代から2000年代初頭にかけて20以上もの政党が現れては消え、ますます保守−革新というイデオロギー軸によって政党間対立を理解することに困難が生じた。近年の調査ではとりわけ若い年代で、従来の常識では保守的とされるはずの維新の党が革新に位置づけられる傾向が見られるなど、保守と革新の区別がもはやあまり意味を持たなくなった。今日、少なくとも政党間における保守−革新のイデオロギー対立は、有権者間の共通の理解ではなくなったのである。

こうした脱イデオロギー化および無党派層の増大は、有権者の間で政治のわかりにくさが増したことを示唆する。先に確認したとおり、イデオロギーや党派性は人々が複雑な政治を理解するのを助ける。その意味で、脱イデオロギー

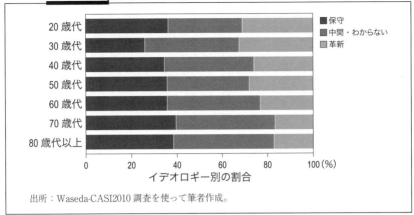

CHART 図3.7 年代別のイデオロギー分布

出所:Waseda-CASI2010調査を使って筆者作成。

化や無党派層の増大は、人々が政治を単純に理解する方法を失ったことを意味する。政治のわかりにくさは、政治に対する関心の低下や、政治参加の低下の原因となる。実際、無党派層が急激に増えた1990年代半ば以降、国政選挙における投票率は低下している。

また無党派層の増大は政治の不安定化をもたらす。55年体制下と比べて、とりわけ2000年代は内閣支持率の変動が大きくなっているが、この原因の1つが無党派層の増大であると言われている。与党に対する心理的・感情的愛着としての与党支持は内閣支持の基盤として、内閣支持率に少々のスキャンダルや失政に対しては動じないだけの安定性を与えてきた。少なくとも、政権に対して長い目で成果を期待するだけの忍耐強さを与党支持者は持ち合わせており、その忍耐強さは発足当初の高い支持率からの急激な低下を防いできた。しかしながら無党派層が増大し、低い与党支持率しかない状況で政権運営を迫られた2000年代の多くの内閣は急激な内閣支持率の低下を経験してきた。内閣支持率の低下は政権崩壊の可能性を高める。無党派の増加は、2000年代の数々の短命内閣の存在と決して無縁ではないのである。

ただ最後に指摘しておきたいのは、イデオロギーや党派性に影響を受け単純化された政治の理解は必ずしも正しいわけではない、ということである。イデオロギーや党派性は確かに人々が政治を理解するのを助けるが、しばしば物事を客観的に認知したり、他者と冷静な議論をしたりする際の妨げともなる。イ

6 無党派層の増大と脱イデオロギー化 ● 71

デオロギーや党派性に基づく政治の理解は，アメリカで近年指摘されるような政治家や政党間での非妥協的な政策立場の原因にもなるし，話し合いで解決できない不毛な対立を人々の間に生み出しかねない。また政党に心理的愛着を持ち，それを盲信すればするほど，有権者の利益のために働く代理人としての政党が有権者を欺く余地が生まれ，ひいては応答性の低下につながる。その意味で，脱イデオロギー化や無党派層の存在は，健全な政策論争や高い応答性に貢献するとも言えるのである。

参照文献　｜　Reference ●

Campbell, Angus, Philip E. Converse, Warren E. Miller, and Donald E. Stokes 1960, *The American Voter*, John Wiley & Sons.

Converse, Philip E. 1964, "The Nature of Belief Systems in Mass Publics," in David E. Apter ed., *Ideology and Discontent*, Free Press, pp. 206-261.

Fiorina, Morris P. 1981, *Retrospective Voting in American National Elections*, Yale University Press.

三宅一郎 1989『投票行動』東京大学出版会。

第 2 部

民意と選挙

PART

CHAPTER
序
1
2
3
4　投票参加
5　投票選択
6　選挙と情報
7
8
9
終

CHAPTER

第 **4** 章

投票参加

OVERVIEW

　この章では，私たち有権者が選挙での投票にどれくらい参加しているのか，そして私たちの中で誰が投票し，誰が棄権するのかを見ていく。「投票に行こう」「棄権する」と決めるときに，有権者は投票することで自分の望む政策が実現するかもしれないという利益と，政党や候補者についての情報収集や投票所に足を運ぶコストを比較する。そしてコストよりも利益のほうが大きいと感じる有権者は投票し，逆にコストのほうが大きいと感じる有権者は棄権する。

1 はじめに

　序章で紹介したように，政治とは有権者が政府を通じて税や権利の配分先，および量を決定することを意味する。例えば，政府が所得の高い有権者に今よりも高い税率を課すことで税収入を増やし，それを福祉政策の拡充のために使ったとしよう。この政策が実行された場合，高所得者に配分される利益が減り，低所得者へ配分される利益が増えることになる。よって，高所得者はこの政策が実現されるのを止めるために，そして低所得者はこの政策が実現されることを求めて何らかの行動を起こすだろう。

　政策決定に影響を与えることを目的として何らかの行動を起こすことを**政治参加**と呼ぶ。その最も一般的な方法は選挙での投票であり，この章のテーマである。投票以外の参加形式については章末の **Column ❷**で解説する。

　選挙における投票参加は応答性の維持と密接に関連する。選挙で投票することで，応答性の高い政治家や政党には再選という報酬を与え，一方で応答性の低い政治家や政党には落選という罰を与えることができる。よって，政治家や政党は自分の当選確率に影響を与えそうな投票者の意向を念頭に置いて政策決定に関わるはずである。一方，棄権するということは，意図的ではないにせよ，「自分たちは公約や業績を評価することを放棄します，好き勝手にやってください」というシグナルを政治家たちに送ることを意味する。政治家は棄権者が自分の再選確率に大きな影響を与えないと見なすので，棄権者の望みを積極的にくみ取る動機はほとんどない。よって，投票するか棄権するかで自分の望みが政策として実現される可能性が大きく異なるのである。

　では有権者のうち誰が投票の機会を活用し，また誰が棄権するのだろうか。投票に頻繁に行く人々と投票にあまり行かない人々にはどんな違いがあるのだろうか。これを説明するために，この章では投票参加によって生じる利益とコストに注目する。有権者は投票することで自分の望む政策が実現するかもしれないという**利益**と，政党や候補者についての情報収集や投票所に足を運ぶ**コスト**を比較する。そしてコストよりも利益のほうが大きいと感じる有権者は**投票**

1 はじめに ● 75

し，逆にコストのほうが大きいと感じる有権者は**棄権**するのである。特にコストの役割に注目し，どのような有権者にとって投票参加のコストが高いのか・低いのかを探っていく。

 投票参加の実態

はじめに，日本の有権者の国政選挙における投票率の推移を見てみよう。日本で初めての国政選挙が実施されたのは，大日本帝国憲法発布の翌年の1890年であった。図4.1の■に付随する線は1890年以降の衆議院議員総選挙での投票率の推移を表している。1890年の選挙での投票率は93.73％で，これは現在までの衆院選での最高記録である。

ただし注意しなければならないのは，この選挙で選挙権を持っていたのは25歳以上で国税を15円以上納めている男性のみで，当時の人口の1％のみが資格を持っていたということである。つまり，投票率は非常に高かったが，それは若年者を除く男性のほぼすべてが選挙に参加したということを意味するわけではない。選挙権をめぐるこのような制限は徐々に緩和されていき，1925年には25歳以上男子に，そして1945年には20歳以上のすべての男女に選挙権が拡張された。2016年からは，投票年齢が18歳に引き下げられる。

さらに衆院選での投票率の推移を見ていくと，1925年までは投票率は平均して85％ほどであったが，その後徐々に低下している。第2次世界大戦後の最初の衆院選の投票率は約72％であり，1990年まではすべての選挙で投票率は70％を超えていた。これ以降投票率が70％を超えることはなくなり，最低の投票率である52.66％が記録されたのは2014年12月の選挙である。

図4.1の△に付随する線は，参議院議員通常選挙の投票率の推移を表している。衆院選の場合と同様に，1990年以降の投票率の低下は顕著である。また，衆参同日選挙が行われた1980年や1986年を除いて，参院選の投票率は衆院選よりも低い。第2次世界大戦後に限って計算すると，両選挙の投票率の差は平均して8ポイント近くある。参院選における最低の投票率は1995年に記録された44.52％であったが，これは過半数以上の有権者が棄権したことを意味し

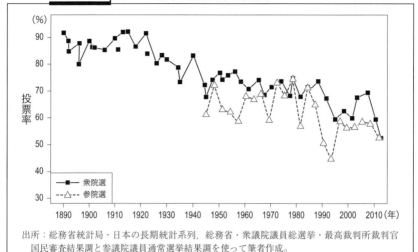

図 4.1　日本の国政選挙の投票率

出所：総務省統計局・日本の長期統計系列，総務省・衆議院議員総選挙・最高裁判所裁判官国民審査結果調と参議院議員通常選挙結果調を使って筆者作成。

ている。

次に日本の有権者の投票率を他国の投票率と比較してみよう。**図 4.2** にOECD 加盟 30 か国の 2010 年以降 2014 年までに実施された国政選挙における投票率をまとめた。括弧内の数字は選挙の行われた年を意味する。図中の縦方向の点線は全 30 か国の投票率の平均値を示している。アメリカなど大統領選挙と議会選挙の両方で投票率が記録されているが，この場合は投票率が高いほうの選挙に注目した。日本の投票率は 2012 年の衆院選時の数値である。

国際的視点から見ると，最近の選挙においては日本の投票率は高くない。図中で投票率が 90% を超えているのはオーストラリアやベルギーといった国である。これらの国では投票は義務であり，棄権には罰則が伴う制度を採用しているため，投票率が非常に高くなる傾向にある。デンマークやスウェーデンではそのような罰則規定はないのだが，投票率は 80% を超えている。また韓国の 2012 年の大統領選挙における投票率は 70% を上回っていた。日本の投票率は 30 か国平均の 70% よりも低く，カナダやチェコと近い水準にある。興味深いことに，図中に示された多くの国で 1980 年と比較して近年の選挙では投票率が低下しており，日本と同様の傾向にある。

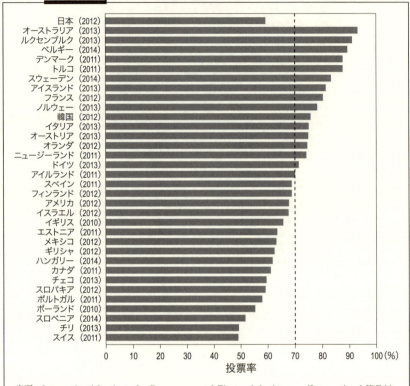

CHART 図4.2 投票率の国際比較

出所：International Institute for Democracy and Electoral Assistance（International IDEA）を使って筆者作成。

3 投票参加の利益

　選挙で投票するか棄権するかは有権者の自発的な意思で決まる。最近の日本の衆院選の場合だと，6割ほどの有権者が投票所に足を運び，4割ほどの有権者が投票する権利を放棄するのである。では投票する人々と棄権する人々にはどのような違いがあるのだろうか。つまり，誰が投票し誰が棄権するのだろうか。この問いに答えるためには，投票参加における有権者の意思決定のメカニズムを考える必要がある。

有権者の投票参加に関わる意思決定は，利益とコストという観点から考えるのが便利である。この考え方を最初に提案したのがダウンズである。ダウンズによると，「投票から得られる利益がコストを上回るならば有権者は投票する。そうでない場合，有権者は棄権する」（Downs 1957, p. 260）。同様の議論はライカーとオードシュックなどにも見られる（Riker and Ordeshook 1968）。

　では投票の利益とコストとは具体的に何を意味するのだろうか。投票から得られる利益とは，自分の望む政策が実現されることである。その可能性をより高めてくれそうな候補者や政党の当選を助けるために投票する。もしどの候補者や政党に投票しても実現の可能性に違いがない場合，投票する意味がないため有権者は棄権するだろう。例えば，ある選挙区で2人の候補者，AとBから1人を選ぶ状況に有権者が直面しているとする。この有権者は，AよりもBが当選したほうが自分の望む政策が実現される可能性が高いと見なしている。つまり自分にとってはBの応答性のほうが高くなりそうだと予想している。この理由として，有権者とBの政策立場が近いということや，現職としてのBの業績がすばらしいということが考えられる。この場合，もし投票参加に関わるコストがゼロである場合（コストの中身については後述する），Bが当選するのを助けるためにこの有権者は投票所に足を運ぶと予想できる。もしAとBのどちらが当選しても自分の望む政策が実現される可能性に違いがない場合，投票することによる利益はゼロである。よってこの有権者は棄権するだろう。

　投票から得られる利益は，選挙における選択肢である候補者や政党の特徴（公約や業績）に大きく左右される。ある選挙区で2人の候補者のAとBが立候補しているという状況をもう一度考えてみよう。例えばAとBの公約が両極端で，自分の意見と大きく異なっているとする。Aは増税を進めて教育や福祉政策の拡充を実現することを公約し，一方でBは減税を進めてそれらの政策の段階的縮小を目指すという公約を掲げているとする。ところが自分は現状の政策の維持が最も望ましいと考えており，両候補者の公約とは大きく異なることを望んでいるとしよう。この場合，どちらの候補者に投票しても自分の希望が実現される可能性は低い。よって，誰に投票しても得られる利益は少ないため，この有権者は棄権するだろう。

　別の例として，候補者Aと候補者Bの公約が非常に似通っている状況を考

えてみよう。有権者である自分は大学教育の無償化に賛成であり，ＡとＢも
それぞれ同様の公約を掲げているとする。この場合，どちらの候補者が当選し
ても，大学教育の無償化の実現に向けて積極的に行動することが期待できる。
候補者の政策立場に大きな違いがなければ，誰に投票しても得られる利益は同
じため，有権者は棄権すると予想できる。

4 投票参加のコスト

　一方，投票のコストは２つの種類に大別できる。１つは投票所に足を運ぶ労
力や時間である。選挙当日に票を投じるためには，少なくとも数分から数十分
はかけて投票所に向かわなければならない。投票所が遠ければより多くの時間
が必要になるだろう。投票に行かなければ，その時間をレジャーや買い物など
に振り分けることができるかもしれない。また，徒歩や自転車などどのような
交通手段を用いるにせよ，投票所への移動には労力も必要になる。このような
労力や時間のコストが増えれば，投票を取りやめる可能性が高まる。

　もう１つは候補者や政党に関わる情報の収集に必要な労力や時間である。ど
の候補者が当選するかで自分の望む政策の実現の可能性が異なるのであれば，
その可能性の最も高い候補者を支持するために選挙に参加するかもしれないと
いうことはすでに述べた。そもそも候補者間の違いを把握するためには，各候
補者や政党の公約などを知っておかなければならない。加えて，重要な争点に
関する情報や選挙制度に関する情報（例えば衆院選の場合，小選挙区では候補者を
選択すること，比例区では政党を選択すること）なども必要になる。これらの情報
を集めるにはかなりの時間と労力が必要になるだろう。よって情報を集めるコ
ストが高くなればなるほど，投票参加する確率が下がっていくと考えられる。

　以上をまとめると，投票することによって自分が欲する政策が実現するとい
う利益と情報収集や投票所に足を運ぶコストを比較して，前者のほうが大きけ
れば投票し，後者のほうが大きければ棄権するのである。

　利益とコストという観点から投票参加を考えると，誰が投票するか・棄権す
るかを推測するのが容易になる。特に投票コストの負担は有権者ごとに大きく

異なる。コストの負担が相対的に少ない有権者ほど，投票する確率が高くなるだろう。時間というコストに関しては，どんな有権者であっても負担することが避けられない。投票するためには少なくとも投票所まで足を運んで票を投じる，という時間を割く必要があるからである。一方で，投票所までの移動の労力は，身体に障害を持つ有権者にとってはより高いものになるだろう。その結果，70歳以上や身体に障害を持つ有権者の場合，投票するコストがその利益を上回ってしまい，投票参加の確率が低くなる。

　情報収集に関わるコストも有権者の間で大きなばらつきがあると考えられる。これは第2章で触れた政治知識の獲得の過程と密接に関連する。第2章では読解能力や意欲が高く，また政治的情報に接する機会に恵まれた有権者ほど所有する政治知識量が多くなると論じた。このような特徴を持つ有権者ほど，選挙の際に効率的に情報収集を行うことができる。例えば認知的能力が高ければ，候補者や政党に関する多種多様な情報をすばやく整理して理解することができるだろう。

　有権者の**社会経済的属性**は情報収集のコストと関連するため，結果として投票参加の確率に影響を与えるだろう。特に教育程度の高い有権者は，情報処理能力や学習意欲が高いと考えられる。よって，教育程度の高い有権者ほど情報収集のコストが低いので，投票に参加する確率が平均して高まるのである。逆に，教育程度の低い有権者は，候補者や政治全般に関する情報の入手や処理に必要な時間や労力が大きくなる。その結果，投票に参加する確率が低くなると予想される（Leighley and Nagler 2013）。

　情報収集のコストに影響を与えるもう1つの有権者属性は年齢である。年齢を重ねるにつれて有権者は候補者や政党，そして政治過程に関する情報に触れる機会が増えていく。若い有権者にとって政治は未知の世界であるが，年齢を重ね，少しずつ学習することで集めるべき情報の量が減少していくのである。よって，年齢が上がるにつれて情報収集のコストが下がるので，投票参加する確率が上がると予想できる。

5 有権者の特徴と投票参加

この節では，有権者の間の投票コストの違いに注目したいくつかの予想が正しいのかどうかを確かめてみる。具体的には，情報のコストが下がれば投票確率が上がるかを探るために，政治知識量と投票率の関係を調べる。加えて，投票参加に対する教育程度と年齢の影響を見てみる。

まず政治知識量と投票率の関係を確認しよう。政治知識量の多い回答者ほど選挙における情報収集のコストが低いため，投票に参加する確率が高いはずである。政治知識量の指標として，第2章で用いたような制度関連の質問に対する正答数を用いる。ここで取り上げる調査には政治制度に関して3つの質問が含まれている。

具体的には，「次に，日本の国会についてうかがいます。衆議院選挙では，小選挙区当選議員として何人の議員が選出されることになっていると思いますか」（正答：300人，現在は295人），「では，衆議院の比例代表区では何人選出されることになっていると思いますか」（正答：180人），「では次は，参議院についてうかがいます。参議院議員の任期は何年だと思いますか」（正答：6年）という3つの質問に対する正答数を使う。誤答やわからないという回答は0と数えた。最小値は0，最大値は3である。

図 4.3 に正答数ごとの投票率をまとめた。正答数ごとに2007年の参議院議員選挙で投票した回答者の割合を示している。正答数が0の回答者の投票率は80% で，正答数が上がるとともに投票率も上がる。すべての質問に正答した回答者の投票率は90% を超えており，正答数が0の回答者の投票率との差は10ポイントを超えている。つまり政治知識量が多くなると投票率も上がるという関係が見られる。この背後には，政治知識量によって情報収集のコストが異なるという理由があるのだろう。政治知識量が多ければ，追加で集める情報はそれほど多くない。またそもそも政治知識量が多いということは情報収集を効率的に行っていることを示唆していると解釈することもでき，投票参加を決める際にも候補者や政党の情報を効率よく入手し学習しているのかもしれない。

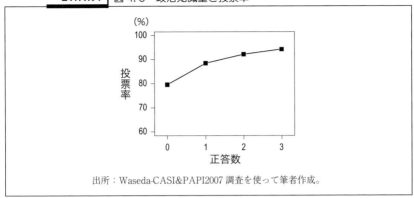

図4.3 政治知識量と投票率

出所：Waseda-CASI&PAPI2007調査を使って筆者作成。

　次に教育程度と投票率の関係を見てみる。教育程度の指標として，回答者が大卒かそれ以上の学歴を持っているかに注目する。**図4.4** (a) は大卒未満の回答者と大卒以上の回答者の参院選での投票率を比較している。大卒未満の回答者の投票率は82％，一方で大卒以上の回答者の投票率は87％である。学歴によって5ポイントの差があることがわかる。教育程度が上がっても投票所に出向くための労力や時間といったコストに変化はほとんどないが，一方で情報収集のコストは下がると考えられる。第2章でも見たように，教育程度が上がると新しい政治情報を入手し理解するコストが下がる。その結果，投票のコストも低くなり参加の確率が上がると考えられる。このような関係は日本において最近になって観察される現象で，2000年代以前には教育程度と投票率には関連が見られなかった。

　最後に年齢と投票率の関係を調べてみよう。回答者の年齢に基づいて，回答者を35歳以下，36歳から64歳，65歳から74歳，そして75歳以上の4グループに分けた。年齢グループごとに投票率を計算し，**図4.4** (b) にまとめた。図から年齢と投票率には逆U字型の関係が存在することがわかる。35歳以下の回答者の投票率は65％ほどであるが，年齢区分36歳から64歳，65歳から74歳へと上がるにつれて投票率も85％，92％と上がっていく。ところが年齢が75歳以上の回答者の投票率は85％であり若干低下する。年齢が上がると政治情報に触れる機会が増えていくため，候補者や政党についてより効率よく情報収集ができるようになる。つまり投票のコストが下がるため投票率も上がる

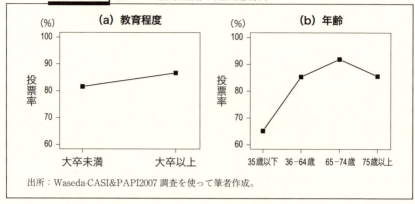

CHART 図 4.4 教育程度，年齢と投票率

出所：Waseda-CASI&PAPI2007 調査を使って筆者作成。

のだろう。しかし高齢になればなるほど身体的な理由で投票所に向かうのが難しくなる。その結果，75 歳以上の回答者の投票率が低くなると考えられる。

1 票の重みと投票しないパラドックス

　これまで見てきたように，利益とコストという観点は有権者の投票・棄権の意思決定を明快に説明してくれる。第 3 節では投票から得られる利益とは自分にとって望ましい政策が実現されることだと定義し，それを可能にしてくれそうな候補者や政党がいればその当選を助けるために投票することを確認した。つまり自分が気に入った候補者や政党があれば，投票することで利益が得られるのである。

　実はダウンズは，自分にとって望ましい候補者や政党がいるということに加えて，選挙の接戦度や他の有権者の動向も投票から得られる利益の量に影響を及ぼすと論じている。この意味を理解するために，もう一度候補者 A と B が立候補していて，そのうちより多くの票を得た候補者が当選するという選挙を考えてみよう。この選挙における有権者の数は 10 人で，A と B の支持者が 5 人ずついるとする。つまり選挙は非常に接戦である。この場合，各有権者は自分の 1 票が選挙結果に与える影響が非常に大きいことに気づくだろう。もし自分が棄権すれば，自分にとって望ましくない候補者が当選してしまうのである。

また他の有権者の動向も重要になってくる。例えばAを支持する有権者の1人が，他の4人のAの支持者が用事で棄権することを知ったとしよう。この場合，この有権者は，Aに当選してほしいけどBの支持者は全員投票するだろうから，自分が投票しても結果に変わりはないと考えて棄権するかもしれない。つまり，選挙の接戦度や他の有権者の動向は「自分の1票が選挙結果を変える確率」に影響を与えるのである。

　現実の選挙では，この確率は非常に小さい。上記の例では，有権者数が少なかったため自分の1票は大きな意味を持っていた。ところが現代の選挙では有権者数は少なくとも数百人，多ければ十万人を超える。よって，いくら選挙が接戦になり同時に投票率が下がっても，自分の1票が選挙結果を変える確率は非常に小さいままである。投票しても自分の1票にはほとんど意味がなく，また投票するためにはさまざまなコストを負担しなければならないのであれば，いっそのこと他人に任せてしまって自分は棄権したほうがましだと考える有権者がいても不思議ではない。もし多くの有権者がこの考え方をすれば投票率はどんどん低下していく。

　ところが，実際には投票率は0には近づかない。自分の1票の影響は小さく，また投票コストが存在するにもかかわらず，国政選挙での投票率は少なくとも50％には届く。「自分の1票が選挙結果を変える確率はほぼ0である」ということを踏まえると投票率はもっと低くなるはずなのに，実際には少なくとも有権者の半数は投票に行くという矛盾を**投票しないパラドックス**と呼ぶ。

 投票参加と政策

　最後に，投票参加と政策の関係を考えてみよう。有権者は自分にとって望ましい政策を実現してくれそうな候補者や政党が当選するのを手助けするために，選挙で投票する。また，投票することは「自分たちは選挙に関心を持っているぞ」というシグナルを候補者や政党に送ることにもなる。よって，当選した政治家たちは次回の選挙でも自分の当選確率に影響を与えそうな投票者の意向を重視して自分の行動指針を決めるはずである。一方で，政治家たちは棄権者が

自分の再選確率に大きな影響を与えそうにないと考えるので，彼らの意向を積極的にくみ取る動機を持たない。つまり，有権者を投票者と棄権者に分けた場合，投票者のほうがより望ましい政策的結果を得ているはずである。つまり，投票参加することには大きな意味があるはずだと予想できる。

　では実際にこの予想は正しいのだろうか。投票には本当に意味があるのだろうか。これまでの先行研究は「投票は政策に大きな影響を与える」という証拠を数多く提示している。例えば，投票率の高い地域と低い地域を比べた場合，投票率の高い地域のほうが政府からより多くの補助金が配分される傾向にある。これは再選を目指す議員たちが，次回選挙も投票して選挙結果に及ぼす可能性のある地域に対し優先的に業績づくりを進めているからだと解釈できる。また，歴史を見ると参政権の拡大と同時に（例えば女性への参政権の拡大），政府支出が増大する傾向にあることが知られている。これは，女性は福祉や医療政策の充実を望む傾向があるので，女性が投票するようになると政府が女性有権者の意向を実現しようとして，これらの分野での歳出を増やすからだと推測できる。さらに，参政権の拡大で女性が投票するようになり医療政策への歳出が増えた結果，乳幼児の死亡率が減少したとする研究もある。

　また，社会経済階層ごとに政府の応答性が異なることも知られている。教育や所得程度の高い有権者の望みほど政策として実現される傾向にある。これには教育や所得程度が投票率と関連していることが関係している。つまり，高い社会経済階層に属する有権者ほど投票する確率が高く，自分にとって望ましい候補者を政府に送り込める。また当選した議員は，次の選挙のことを考えてこれらの有権者の望みを積極的に実現しようとするのである。一方で，低い社会経済階層に属する有権者の投票率が上がると福祉政策の拡充が進むとする研究もあり，同様の説明が可能である。

　このように，選挙で投票することは私たち有権者にとって大きな意味を持つ。もちろん投票することのみが重要なのではなく，代表民主制では有権者が誰に投票するかも重要である。次の章では，投票所に出向いた有権者が複数の選択肢の中からどうやって自分にとって最も望ましい政党や政治家を選び出すのかを考える。

参照文献 | Reference ●

Downs, Anthony 1957, *An Economic Theory of Democracy*, Harper and Brothers.

Leighley, Jan E. and Jonathan Nagler 2013, *Who Votes Now?: Demographics, Issues, Inequality, and Turnout in the United States*, Princeton University Press.

Riker, William H. and Peter C. Ordeshook 1968, "A Theory of the Calculus of Voting," *American Political Science Review*, 62(1): 25–42.

Column ❷　投票外参加の実態

　有権者にとって選挙での投票は最も簡単な政治参加の手段であるが，それだけでは政党や政府に自分たちの望みやその強さを正確に伝えることはできない。例えば，自分はある政策に強く反対しており，同様の公約を掲げる政党に投票したとしよう。ところがその政党はさまざまな争点について公約を提示しているので，公約のうちどれが有権者に支持され，その結果自分たちが得票を増やしたのかを知ることはできない。また，投票しても，ある政策に対する賛成・反対の強さを十分に伝えることはできない。よって，強い意見を持ち政治に対して早急に結果を求める有権者からすると，投票参加は回りくどい意思伝達の手段なのである。

　投票参加のこうした欠点を埋めるのが，投票以外の政治参加，すなわち投票外参加と呼ばれる政治参加の形態である。投票外参加を通じて有権者はより直接的に，政治家に自分の意思を伝え，影響を与えることができる。例えば，国会や首相官邸前でのデモや集会に参加し，同じ考えを共有する群衆とともに自らの意思を声高に表明することで，そこにいる政治家たちに直接影響を与えることができるかもしれない。さらにはその様子がマスメディアに取り上げられ

Column ❷　投票外参加の実態　● 87

れば，その場にいない他の有権者や政治家たちに広く影響を与えることもできるかもしれない。また，政治家に直接面会を求めたり，メールを送ったりして自分の意見を伝えれば，少なくとも投票よりは明確に自らが何を望むのか伝えることができる。最も極端な場合，自らが政治家になるべく選挙に立候補することで政策に影響を与えようとすることもできる。

　このような投票外参加をヴァーバたちは3つのグループに分類した（Verba et al. 1978）。1つ目は**選挙活動**であり，これには候補者の選挙活動に献金したり，自らボランティアとして参加しそれを手伝ったりすることが含まれる。2つ目は**市民活動**であり，これには環境保護や反戦を訴えるデモや署名活動，不買運動などが含まれる。3つ目は**個別接触**であり，官僚や政治家に自分の利益を実現するために直接働きかけることなどが含まれる。これらの投票外参加の手段は程度の違いはあるにせよ，投票参加の最大の問題点である，政治家や政府に自らの意思を明確に伝達できないという欠点を補ってくれる。

　これらの活動のうち，近年注目を集めているのが市民活動である。アメリカでは格差是正を求めて2011年にオキュパイウォールストリート運動が行われたのは記憶に新しい。日本では1996年新潟県巻町で行われた原発建設の是非を問う住民投票や，2011年の東日本大震災に伴う原発事故に端を発した反原発デモや，2015年の安全保障法制をめぐって若者を中心に展開されたデモなどが市民活動に含まれる。

　こうした市民活動はマスメディアによって大々的に報道されるため注目を集める傾向にあるが，実際にこれらの投票外参加を行ったことのある有権者はどれくらいの割合で存在するのであろうか。**図 C2.1** は，日本において「請願書・陳情書への署名」「不買運動（ボイコット）」「平和的（合法的）なデモ」という3つの投票外参加について「これまでにやった（参加した）ことのある」と答えた有権者の割合を，時系列で示したものである。最も盛んに行われている投票外参加は，■線で示された請願書・陳情書への署名であり，2010年に急激に割合が減ったものの，それより前の期間では概ね40〜50％台で推移している。次いで参加率が高いのが▲線で示されたデモであり，概ね10％弱の値を記録している。常に最も参加率が低いのが△で示されたボイコットであり，こちらも常に10％を下回っている。すなわち，ボイコットやデモという方法で政治参加を行う有権者はこれらの期間中常に10人に1人もいない。また，これら投票外参加の推移を，先に見た投票率の推移と比較すると，投票率が1980年代から90年代にかけて大きく下がったのに対し，投票外参加率はいずれもそのような傾向は見られない。

88 ● CHAPTER **4** 投票参加

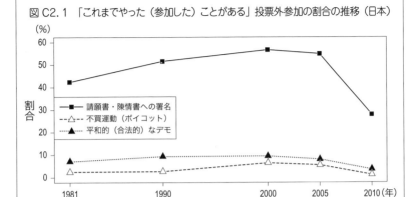

図 C2.1 「これまでやった（参加した）ことがある」投票外参加の割合の推移（日本）

出所：World Value Survey（WVS）を使って筆者作成。

　次に，国際比較をしてみよう。図 C2.2 は日本，韓国，アメリカ，ドイツの 4 か国について投票外参加率を比較したものである（ここでは図 C2.1 に基づいて 2005 年を日本の典型的事例と見なし，各国ともこれに近い時点での調査データと比較する）。これによると，請願書・陳情書への署名に関して最も参加率が高いのがアメリカ（68.9％），次いで日本（54.9％），ドイツ（48.4％），韓国（33.9％）となっている。これだけ見ると日本は他国と比べて必ずしも投票外参加を行わないわけではないように見えるが，残りの 2 つの投票外参加の方法で，日本の参加率はいずれも最下位である。ボイコットとデモの参加率では高い順番にそれぞれ，アメリカ（19.2％），ドイツ（8.9％），韓国（6％），日本（5.6％），そしてドイツ（29.5％），アメリカ（14.7％），韓国（11.4％），日本（8％）となっている。つまり，すべての投票外参加の方法で，アメリカかドイツが最上位となる一方，日本か韓国が最下位となっており，これは欧米のほうがアジアよりも投票外参加が盛んであることを示唆する。

　ただし，こうした投票外参加の効果はあくまで投票参加を前提としているということを理解する必要がある。政治家がデモなどの抗議活動に参加する有権者を見て，その要求に応えようとするとしても，それはこれらの有権者が選挙で影響を持つと考えるからである。図 C2.1 で示したとおり，現状では日本において抗議活動に参加する人の割合は選挙で影響を与えるほど高いとは必ずしも言えない。またもし政治家が，抗議活動に参加する有権者のほとんどは自発的な意思によらず，動員によって参加していると考えるならその効果は限定的であろう。つまり投票外参加はそれ単体で政策に影響を持つものではなく，

Column ❷　投票外参加の実態　● 89

図 C2.2 国ごとの「これまでやった（参加した）ことがある」投票外参加の割合

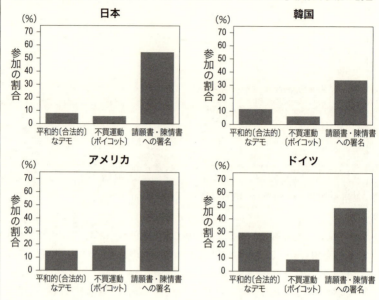

出所：World Value Survey（WVS）を使って筆者作成。

有権者が政治家の応答性を高めるための最も有効な手段は，あくまで選挙における投票参加なのである。

● 参考文献

Verba, Sidney, Norman H. Nie, and Jae-on Kim 1978, *Participation and Political Equality: A Seven-Nation Comparison*, University of Chicago Press.

CHAPTER

第 **5** 章

投 票 選 択

OVERVIEW

　この章では，選挙において，私たち有権者がどのように自分の意見を代表してくれそうな政党や候補者を投票先として選び出すのかを考える。有権者はいくつかある選択肢の中から自分への応答性を高めてくれそうな候補者や政党を予測し，その予測に基づいて投票先を決める。政党や候補者の応答性の程度を予測する材料として，有権者は「支持政党」「政策争点に関する立場」「候補者の能力」「業績への評価」という 4 つの情報を活用することについて見ていく。

1 はじめに

　有権者は自分の望みを政策として実現するために，国政選挙や地方選挙が実施されると投票所に足を運び，複数の選択肢の中から最も望ましいと思われる候補者や政党に1票を投じる。このような選挙における有権者の行動のうち，第4章では「投票所に足を運ぶ」という過程に注目し，どのようなメカニズムで有権者が投票への参加／棄権を決断しているのか，そしてどういった特徴を持つ有権者が投票する傾向にあるのかを紹介した。

　この章では，「複数の選択肢の中から最も望ましいと思われる候補者や政党に1票を投じる」という過程に目を向ける。投票所に出向いた有権者が自分の票を投じる対象をどのように選んでいるのか，つまり「投票選択」のメカニズムを検討する。「誰を選ぶか」ということは，代表民主制において最も重要な選択の1つである。政策応答性を高めてくれそうな政党や候補者を選ぶのに失敗すれば，自分の望む政策を実現することは難しくなるだろう。では，有権者は各政党や候補者の応答性の程度をどのような基準で比較すればいいのだろうか。

2 投票選択の一例

　まず，選挙で「票を投じる」ことの意味をより具体的に理解するために，日本の衆議院議員総選挙における有権者の投票選択の例を見てみよう。1996年以降の衆院選は，小選挙区比例代表並立制という制度に基づいて実施されている。投票所に行った有権者は2枚の投票用紙を手渡される。投票用紙の1枚は小選挙区での投票に用いられ，有権者は自分の選挙区（全国で295選挙区，2012年以前は300選挙区ある）において立候補している複数の候補者から1人を選ぶ。もう1枚の投票用紙は比例区での投票に用いられ，自分の地域比例ブロック（全国で11ブロック）で届け出のある政党のうち1つの政党名を投票用紙に記入

92 ● CHAPTER 5 投票選択

| CHART | 表 5.1　2014 年衆院選における, ある選挙区の選挙結果(小選挙区) |

候補者	候補者の政党	得票数	得票率
候補者 1	B 党	67000	40.4%
候補者 2	A 党	63000	38.0%
候補者 3	D 党	20000	12.0%
候補者 4	F 党	11500	6.9%
候補者 5	G 党	4500	2.7%
計		166000	100%

する。住んでいる地域によって, 有権者の属する小選挙区や比例選挙区は異な
る。みなさんはどの小選挙区と比例選挙区で投票することになっているのかを
ぜひ調べてみてほしい。

　表 5.1 と**表 5.2** は, 2014 年 12 月に行われた衆院選における, ある選挙区で
の投票の結果をまとめたものである。この選挙区では, 約 17 万人の有権者が
投票した。これらの有権者は, 小選挙区での投票において 5 人の候補者の中か
ら 1 人を選んでいる。各候補者の得票数は**表 5.1** にまとめている。一方, 比例
区の投票では, 自民党, 民主党, 維新の党, 公明党, 共産党などをはじめとす
る 9 つの政党の中から, 1 つを選んで票を投じた (各表の中では, A 党, B 党と
いったように個別の政党名は伏せてある)。各政党の得票数は**表 5.2** にまとめてい
る。

　ではこの選挙区の有権者は, 小選挙区においてどのように 5 人の候補者の中
から 1 人を選び, 比例区において, 9 つの政党の中から 1 つの政党を選んだの
だろうか。当てずっぽうで候補者や政党を選んだ有権者もいるかもしれないが,
その数は少ないだろう。多くの有権者は候補者や政党の特徴を比較し, 自分に
とって最も好ましい選択肢を選んで投票しているはずである。

　各政党や候補者の好ましさは, それぞれの応答性の程度によって決まる。自
分が望む政策を実現してくれる可能性の高そうな政党や候補者, つまり応答性
の高そうな政党や候補者ほど自分の代理人として好ましい。よって, 複数の政
党や候補者の応答性の程度を比較して, その中で最も応答性の高そうな候補者
や政党に投票するのである。**表 5.1** と**表 5.2** で示した選挙結果は, 多くの有権

2　投票選択の一例　● 93

CHART 表 5.2 2014 年衆院選における，ある選挙区の選挙結果（比例区）

政党名	得票数	得票率
A 党	56000	33.3%
B 党	43500	25.9%
C 党	25000	14.9%
D 党	19300	11.5%
E 党	13200	7.9%
F 党	4800	2.9%
G 党	4000	2.4%
H 党	1700	1.0%
I 党	500	0.3%
計	168000	100%

者が自分にとって最も応答性の高そうな政党や候補者に投票したことの結果を示しているのである。

3 4つの情報

投票先を決めるときに，有権者は各政党や候補者の応答性の程度を比較する。その比較の基準となるのが，①支持する政党，②重要争点に関する立場，③候補者の属性，そして④過去の業績という4つの情報である。少々先取りして，これら情報に基づいて，投票する政党や候補者を決める有権者の決断の過程をまとめると次のようになる。

① 支持する政党：自分の支持する政党やそれに属する候補者は応答性が高いだろう。

② 政策争点に関する立場：自分と政策立場の近い政党や候補者は応答性が高いだろう。

③ 候補者の属性：好ましい特徴を持つ候補者は応答性が高いだろう。

④ 過去の業績：過去の業績があり，信頼性のある候補者や政党は応答性が高いだろう。

投票選択における**支持政党，政策争点，候補者の属性**の重要性はキャンベルらによって最初に指摘された（Campbell et al. 1960）。そこから，これらの3つの説明に基づく有権者の投票選択の説明を**ミシガン・モデル**と呼ぶ。アメリカと制度環境が異なる日本でも，ミシガン・モデルが当てはまることがわかっている。そして，④の**過去の業績**を重視するモデルは，ミシガン・モデルの3つの説明だけでは有権者の投票選択を十分に明らかにできないとの考えから，フィオリーナにより提案された（Fiorina 1981）。以下では，これらの4つの情報が，有権者の投票選択においてどのような影響を与えるかを順に見ていく。

4 支持する政党

自分が支持する政党と投票選択のつながりはわかりやすい。例えば政党Aを気に入っている有権者の投票選択を考えてみよう。小選挙区における投票で複数の候補者から1人を選ぶときに，この有権者は政党名だけを見て自分の好きな政党Aに所属する候補者に票を投じるとしよう。この有権者は次節以降で紹介する候補者の個人的属性など他の情報には目を向けず，政党名のみで票を投じる候補者を決めている。

第3章で説明したように，自分の支持政党に基づいて投票先を決めるのは効率のいい方法である。さまざまな争点についての各党や各候補者の公約の詳細はわからなくとも，自分の支持する政党であれば自分の意見に近いであろうと考える。一方で自分が支持しない政党であれば自分の意見とは異なるだろうと推測する。そして一種の経験則として，自分が支持する政党やその候補者に投票しておけば自分の望む政策が実現されると信じて，支持する政党やその候補者に投票するのである。つまり，「自分が支持している政党だから，支持政党が推している候補者だから」と考えることで，決断を簡略化しているとも考えられている。

4 支持する政党 ● 95

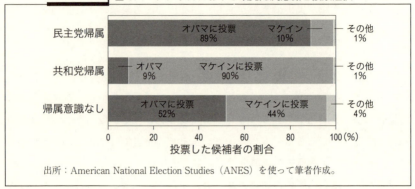

図5.1 アメリカにおける政党帰属意識と投票選択

出所：American National Election Studies（ANES）を使って筆者作成。

　党派性と投票選択が密接に結びついている例として，2008年のアメリカ大統領選挙を見てみよう。2008年にアメリカの有権者を対象として行われた世論調査の回答者を民主党帰属，共和党帰属，帰属政党なしの3グループに分け，各グループ内の回答者の投票先の割合を計算した。投票先は民主党のバラク・オバマ，共和党のジョン・マケイン，それ以外の非主流派候補者の3つである。図5.1によると，自らが民主党に帰属していると考える有権者の約9割が民主党のバラク・オバマ候補に投票しており，自らが共和党に帰属していると考える有権者もその約9割が共和党のジョン・マケインに投票していることがわかる。つまり，帰属政党と投票先の政党との一致度がとても高い。

　アメリカの場合と同様に，日本でも支持政党と投票選択は密接に結びつく。例として，2009年の衆院選における政党支持と投票選択の関係を図5.2にまとめた。支持政党を持つ約7割の有権者のうち，7割ほどの回答者の支持政党と投票政党が一致していることがわかる。これは，自民党を支持する有権者は自民党に，民主党を支持する有権者は民主党に投票するという傾向が強いということを意味している。その一方で，3割近くの有権者は支持する政党と投票する政党が一致していない。日本の場合，自民党支持者は自民党に，民主党支持者は民主党に投票するといった構図がしばしば崩れ，それが政権交代につながることがある。

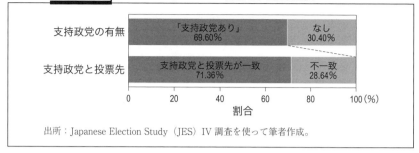

CHART 図5.2 日本における政党支持と投票選択

出所：Japanese Election Study（JES）IV 調査を使って筆者作成。

5 政策争点に関する立場

　有権者の投票選択に対する支持政党の影響は強いが，それだけで有権者の投票選択をすべて説明できるわけではない。普段は自民党を支持している有権者でも，時には他の政党の候補者に票を投じたりすることもある。例えば，自民党支持である有権者が原発再稼働に強く反対していれば，再稼働を推進しようとしている自民党ではなく，再稼働に反対する別の政党に投票するかもしれない。つまり，この場合支持政党ではなく，自分が特に関心を持つ政策争点によって投票する政党や候補者を決めているのである。

　有権者が特定の**政策争点**に基づいて投票する対象を選ぶことを**争点投票**という。有権者は，次のような条件が満たされたときに，特定の争点に基づいて投票先を決める（Campbell et al. 1960, p.170）。

条件1：有権者が政策争点について意見を持つ。
条件2：有権者がその政策争点を重要だと認識する。
条件3：有権者が各政党の政策立場を理解している。

　1つ目の条件は，ある争点について有権者は意見を持つ必要があるということである。例えば原発再稼働という争点について特に賛成とも反対とも中立とも自分の意見をはっきり持たないのであれば，そもそもこれを理由に投票選択

5 政策争点に関する立場 ● 97

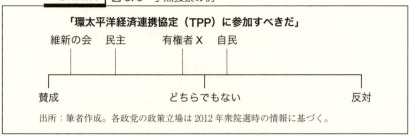

図5.3 争点投票の例

を行う理由がない。

　2つ目の条件は、その争点が有権者にとって重要だということである。ある有権者が原発再稼働に反対していたとしても、その争点を大して重要と思っていなければ、より重要な他の争点や自分の支持政党に基づいて投票先を決めるだろう。

　3つ目の条件は、有権者が自分の意見を持ち、かつ重要だと考えている争点について、各政党の政策立場の違いを理解しているということである。原発再稼働反対の意見を強く持ち、その争点を重要だと考えている有権者でも、それぞれの政党が原発再稼働についてどのような政策立場を示しているのかを知らなければ、その争点に関する意見に基づいて投票選択を行うことはできない。

　これらの条件が満たされた場合、有権者はどのようにして政策争点に関する立場に基づく投票を行うのであろうか。これには大きく2つの考え方がある。1つは、賛否の方向性に関係なく自分と最も意見の近い政党に投票するという考え方である。この考え方を説明するために、2012年衆院選において重要な争点であった環太平洋経済連携協定（TPP）を例として用いる。TPPは環太平洋地域諸国において関税の撤廃などを通じて経済連携を強化することを目的とした協定を意味し、日本ではその参加の是非が議論されてきた。このTPPへの参加について、ある有権者Xは弱いながらも賛成している。一方、この有権者は、新聞報道などを通じて、日本維新の会はTPPにとても強く賛成、民主党は強く賛成、そして自民党は弱く反対していることを知った。有権者Xの意見や各政党の政策立場を図示すると、図5.3のようになる。図5.3の横軸は物差しのようなもので、中央の「どちらでもない」より左側に行くほどTPPへの参加により強い賛成、右側に行くほど参加により強い反対の意見を

表す。有権者 X は弱い賛成という意見なので，この軸上では中央より少し左側に位置づけられている。維新の会や民主党は賛成だが，その強さが異なるので軸上の位置が異なる。

　有権者 X はこの軸上で自分と各政党の政策立場を比較する。ここでもし有権者 X が自分と最も意見が近い政党に投票するのであれば，この軸上において最も自分の意見との距離が近い自民党に投票するであろう。つまり，TPP に弱く賛成しているこの有権者にしてみれば，維新の会も民主党も賛成との意見が強すぎて不安に思う一方，自民党は賛否の立場を異にしているとはいえそれほど強く反対しているわけではないので，ほぼ現状維持が図られるとみて，自民党が自分の意見を代表してくれそうだと判断し票を投じるのである。

　これに対して，ラビノビッツとマクドナルドはもう 1 つの争点投票の考え方を提案している（Rabinowitz and Macdonald 1989）。自分と最も政策立場の近い政党に投票するのではなく，自分と賛否の方向性が同じ政党のうちで最も極端な意見を持つ政党に投票するというものである。図 5.3 の例で説明すると，有権者 X は自分と賛否の立場が同じ政党のうち，より強い賛成を打ち出している維新の会やその候補者に投票するであろう。つまり弱くとはいえ TPP に賛成しているこの有権者にしてみれば，それに反対している自民党は論外として，より賛成の立場を強く打ち出している維新の会のほうが民主党よりも自分の意見を代表してくれそうだと推測するのである。

政策争点，党派性，イデオロギー

　争点投票に関するここまでの説明では，選挙における重要な政策争点が 1 つのみであるという状況を想定してきた。上の例について言えば，原発再稼働や TPP 参加交渉のみが有権者にとって重要争点で，その争点に関する自分と各政党の立場を比較すれば投票先を決めることができると考えてきた。ところが多くの選挙では重要な争点が複数あることが普通だろう。原発再稼働や TPP 参加交渉に加えて，景気対策や福祉といった争点は有権者にとって常に重要である。もし争点が複数ある場合，有権者は各政策について自分の立場と各政党

の立場を比較して，総合的に最も自分の立場を代表してくれる政党を選ばなければならない。**図5.3**で行ったような比較を重要争点の数だけ繰り返すのである。

　この作業は有権者にとって大きな負担となることは想像がつくだろう。第2章で述べたように，多くの有権者の日常生活において政治は最優先事項ではない。そのため，複数の政策に関して各政党がどのような立場を取っているのかを日頃から把握している有権者や，また選挙前に時間を割いて情報をできるだけ集めようとする有権者は少ないだろう。つまり，重要争点が複数ある場合には，有権者の知識が限られているため「有権者が各政党の政策立場の違いを認識している」という争点投票の3つ目の条件が満たされないのである。

　そこで，有権者は各政党の政策立場の比較を簡略化するために，政党名とイデオロギーの結びつきを利用する。政党名をあたかもブランド名のよう使って，「この政党はこんなイデオロギー傾向を持つだろう」というおおまかな推測をするのである。有権者は政策ごとに自分と各政党の立場を比較するのではなく，自分と各政党のイデオロギーを比較する。イデオロギーという政策をパッケージのようにまとめてくれるツールを用いることで，決断を簡略化している。具体的には，自分は保守的だからそのイデオロギーを代表してくれる政党を選ぶ，また自分はリベラルだからそのイデオロギーを体現してくれる政党を選ぶのである。こう考えると，イデオロギーをもとにした投票も，争点投票とメカニズムはあまり変わらない。各政党のイデオロギーを比較して，自分と最も近いイデオロギーを持つ政党を選んでいるからである。

　このような選択が行われる例として，まずアメリカの有権者を考えてみよう。アメリカの共和党と民主党は特定のイデオロギーを代表していると見なされている。共和党は保守的なイデオロギーを体現しているとされており，具体的には，減税，社会保障の削減，対外的な介入の抑制，銃規制の反対といった「小さな政府」志向の政策が含まれる。また中絶の反対，同性愛者間の婚姻の否定など伝統的な社会的価値観の維持を重視する。一方で，民主党はリベラルなイデオロギーを体現しているとされ，増税を許容しつつ社会保障を拡充すること，民主主義を守るための積極的な対外政策といった「大きな政府」志向の政策の実現を目指す。また社会的価値観の面では，中絶や同性愛者間の結婚に対して

100 ● CHAPTER **5** 投票選択

寛容な姿勢を重視する。各政党とイデオロギーの結びつきは有権者の間で広く認知されているので，各政党名がイデオロギーのラベルとして機能する。その結果，自分は保守的だからその価値観や意見を代表してくれる政党として共和党を選ぶ，また自分はリベラルだからそのイデオロギーを体現し，代表してくれる政党として，民主党を選ぶという選択が行われるのである。

これに対して，日本では政党支持とイデオロギーの関連はあまり強くない。第3章で紹介したとおり日本においても，保守-革新と呼ばれるイデオロギーの対立軸は存在してきた。1993年まで続いた自民党の一党優位体制のもとでは，保守イデオロギーは自民党，そして革新イデオロギーは社会党によって体現され，有権者は自らのイデオロギーにしたがって投票先を選んできた。しかし，アメリカと異なり，政党ラベルとイデオロギーの結びつきは経済政策や社会政策のすべてにまで波及していたわけではなく，対外政策など一部の領域に限られていた。また，2000年以降の国政選挙においては，自民党が新自由主義に基づく「小さな政府」志向の経済政策を訴え，民主党が福祉の充実を目指した「大きな政府」志向の社会保障政策を主張することが多くなっている。こうした傾向は，日本における政党ラベルとイデオロギーを利用した政策争点投票が起こりやすくなっていることを意味する。

候補者の属性

支持政党や政策争点に加え，候補者の個人的属性も有権者の投票選択に影響を与えることがある。個人的属性は，候補者の能力，誠実さや信頼性，親しみやすさ，カリスマ性，知名度などを意味する。政党名や政策争点のみでは候補者に優劣がつけられない場合に，有権者は能力の高そうな候補者や信頼できそうな候補者を選ぶだろう。能力が高い候補者ほど当選後に有権者が望む政策を実現する可能性を高めてくれるだろうし，信頼できる候補者であれば私利私欲を排除して選挙区の有権者のために努力してくれそうだと予測できるからである。

こうした候補者の特徴は，1つの選挙区で同一政党から複数の候補者が出馬

している場合に重要な役割を果たす。1つの選挙区で1人の政治家を選ぶ現在の衆院選の小選挙区の場合，各政党は候補者を1人に絞る。そのため，有権者は候補者を政党名で比較することが可能になり，前述の支持政党やイデオロギーが投票選択に強い影響を与える。

これに対して，1993年までの衆院選や現在の地方選挙で用いられる**中選挙区単記非移譲式投票制**（中選挙区制）では候補者の特徴は重要である。この制度のもとでは，有権者は1票を持つ。各選挙区で2名から6名（地方選挙の場合はさらに多く）の複数の議員が選ばれるのだが，議会において過半数の議席の獲得を目指す政党は1つの選挙区で複数の候補者を擁立することが多い。複数定数の選挙区で1人しか候補者を立てない政党は，いくら多くの票を集めたとしても1人の候補者しか各選挙区から当選させることができず，最大でも議会においてちょうど半分の議席しか獲得できないからである。このとき有権者は，たとえ支持する政党や強いイデオロギーを持っていたとしても，同一政党から出馬している複数の候補者の優劣をつけられないことになる。

この場合には，有権者は自分の支持する政党の候補者に投票する，という考え方だけでは投票すべき候補者を1人に絞ることができない。例えば自民党の候補者が2人いるとしよう。自民党を支持している有権者の場合，支持政党に基づいて自民党候補者のどちらかに投票することをまず決めるだろう。しかし1票しか持たないため，次にどちらの自民党候補者に投票するかを決めなければならない。

そこで重要になるのが，候補者の特徴である。有権者の視点からすると，同じ自民党所属の候補者でも，有能なほうの候補者に投票したいであろう。このような場合に候補者の有能さを示す**候補者特性**として特に重要だとされていたのが，候補者による選挙区内でのさまざまなサービスである。ある選挙区において，代々にわたって農業に従事していた有権者は，同じ自民党からの候補者であっても，これまで農家のためにより尽力してくれた候補者に投票したいと思うであろう。商店を経営してきた人なら，地域の産業振興に力を入れてきた候補者に魅力を覚えるはずである。こうして，有権者は候補者がもたらしてくれる利益に注目することになり，またそれをよく知る議員も選挙区への利益分配に重きを置く。こうして候補者が，選挙区内の有権者へ特定の利益をもたら

そうとすることを**利益誘導政治**という。

　また，候補者の特性に関する情報は現職の政治家のほうが，より豊富に手に入る。現職であるからこそ，公約を政策として実現したのか，選挙区に何らかの利益をもたらしたのかを有権者が確かめることができるからである。このような機会は，現職ではない候補者にはほとんど与えられない。特に少ない定数の選挙区から選出された議員は，高速道路網の整備や病院の建設などその選挙区の有権者のニーズを満たすことによって，そうした実績をより多く自分のものにすることができる。そのため，選挙においては現職議員についてより多くの情報が提示されることになり，その結果有権者は実績のある現職議員に票を投じる確率が高まる。実際，現職議員が再選される割合は，新人議員が当選する割合よりもかなり高い。次節では，このように現職の議員に対して有利に働きやすい業績の側面について見てみよう。

 過去の業績

　これまでの内容をまとめると，有権者は3種類の情報を用いて投票先を選ぶ。

① 支持する政党：支持している政党や，その政党に所属する候補者に投票する。
② 政策争点に関する立場：特定の政策争点に焦点が絞られているときには，その争点に関する自らの意見と政党の立場を比較して，自らと最も近い立場や方向性の近い政策を公約として提示する政党や候補者に投票する。争点が複数あるときには，政党のラベルやイデオロギーを手がかりにして，総合的に自分と近い立場を持つ政党やその候補者に投票する。
③ 候補者の属性：実績があり，能力が高く，信頼できそうな候補者に投票する。

　ここで，政党，政策争点，候補者に関する情報は，有権者の応答性の「予測」のために用いられることに注目してほしい。これらの情報に基づいて，自

分の利益を最もよく代表してくれそうな議員や政党を予測しそれに票を投じることにより，未来において自分の望む政策が実現される可能性を高めるのである。予測の精度が低ければ，自分にとって望ましくない候補者や政党を選んでしまうかもしれず，結果として自分の望む政策が実現されなくなる。

予測の精度を高めるために，有権者は政党や候補者の過去の業績に注目する。過去の業績から「この政党は一貫して社会保障の拡充を進めてきた」「この政党は常に公約どおりの政策を立案し，実行してきた」，あるいは「この候補者は過去に選挙区の産業基盤の整備に努力してくれた」ということがわかると，応答性に関する予測の精度は高まるはずである。過去の業績の情報を用いると，自分にとって望ましい政策を実現してくれそうな候補者や政党を見つけやすくなるのである。

では業績に関する情報は選挙結果にどのような影響を与えるのだろうか。日本における 2009 年と 2012 年の 2 度の政権交代を見てみよう。多くの有権者にとって，2009 年の衆院選で民主党が提示した公約は魅力的なものであった。公約には社会保障の拡充を訴えるいくつもの政策が含まれ，それらと財政再建は両立可能だということが主張されたからである。しかし民主党政権は財政再建，税制改正，子ども手当ての満額支給，高校教育の無償化といった政策を公約どおりに実現することができなかった。そうした民主党への失望は，2012 年の衆院選では民主党への向かい風となり，自民党への政権交代へとつながることになった。

この 2 つの選挙から見えてくることは，それぞれの衆院選において，有権者が注目したことの違いである。2009 年の衆院選において，民主党はどうやら政策の魅力から選ばれている。当時の政権党であった自民党が，現状維持の公約を提示する一方で，民主党は思い切って大きな政府志向の政策を強調し，自民党との差異化を図った。一方で，2012 年の場合，有権者は，民主党の過去の 3 年間を評価の対象とした。そして，民主党の公約や政策立場をもはや信頼できるとは評価せずに，その公約の実現可能性は低いとみた。公約が実現されることを望む有権者は，民主党の応答性は低いだろうと予測し，自民党を代わりに選んだ。このように，2012 年の選択においては，民主党の 3 年間の実績が，投票選択における応答性の予測のための情報として大きな役割を果たして

いる。

　このように，有権者は，政党や候補者の政策立場やその能力を知るために過去の業績に注目する。政党はひとたび政権を取ると，マクロ経済政策，社会保障政策，外交安全保障政策，労働政策，教育政策，環境政策などを通じて有権者の望みを実現しようとする。そしてそれらの政策領域における政府の実績をもとに，有権者は政党や議員の能力を推測し，投票する政党を選ぼうとする。このように，政府の過去の業績をもとにして，投票する対象を選ぶことを**業績評価投票**という。

　政府の業績の中でも特に重要なのが経済政策に対する業績である。有権者は，選挙前の政府の経済政策と，その結果としての経済状態に強い関心を持つ。景気が良ければ与党や現職議員の努力や能力を高く評価して投票し，景気が悪ければ低い評価を与えて野党を代わりに選ぶ。これを**経済投票**と呼ぶ。

　経済投票は，**個人志向の経済投票**と，**社会志向の経済投票**とに分けることができる。前者は，景気の良し悪しを，所得の増減など自らの暮らし向きに関わる基準によって，また後者は失業率，株価，経済成長率，物価など社会全体に関わる基準によって判断し投票選択を行うというものである。これまでの各章でも，有権者の経済に対する評価について解説し，データ分析においてもたびたび経済問題を取り上げてきたが，業績投票の中心もまた経済によって占められてきたのである。

　ここで経済と投票の関係について具体的に見てみよう。注目するのは，2013年の参議院議員通常選挙である。2013年の参院選は，2012年の自民党への政権交代を経て，安倍政権が進めたアベノミクスに対する有権者からの評価が問われた選挙であった。経済状態に対する業績投票が中心となったと考えられる選挙において，経済に対する評価は有権者の意思決定にどのような影響を与えていたであろうか。

　図5.4は2013年の参院選において，有権者の経済に対する認識が投票とどのように結びついていたのかを見たものである。利用した質問は次の2つである。

（1）　今の日本の景気はどんな状態だと思いますか。
（2）　現在のお宅のくらしむきを1年前と比べると，どうでしょうか。

8　過去の業績　● 105

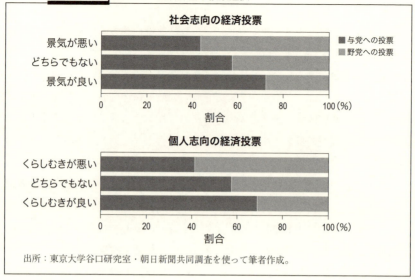

図5.4 経済評価と投票選択

出所：東京大学谷口研究室・朝日新聞共同調査を使って筆者作成。

　景気についての質問が社会志向の経済投票を，くらしむきについての質問が個人志向の経済投票をそれぞれ表している。景気については，「非常に良い」「やや良い」と答えた人を「景気が良い」，「非常に悪い」「やや悪い」と答えた人を「景気が悪い」，「良くも悪くもない」と答えた人を「どちらでもない」として分類した。くらしむきについては，「かなり良くなっている」「少し良くなっている」と答えた人を「くらしむきが良い」，「かなり悪くなっている」「少し悪くなっている」と答えた人を「くらしむきが悪い」，「変わらない」と答えた人を「どちらでもない」として分類した。そのもとで，景気と暮らし向きに対する認識の良し悪しと与野党への投票の割合を整理したのが図5.4である。

　図5.4から，まずは，「景気が良い」と社会経済の状態を評価する有権者も，「くらしむきが良い」と個人の生活を評価する有権者も，ともに自民党をはじめとする与党に投票する割合が高いことがわかる。これに対して，社会経済状態も，個人の生活も良くないとした有権者は，野党のほうに多く投票していた。経済状態が良いか悪いかという判断は，与党に投票するのか，あるいは野党に投票するのかを分ける有権者の判断に，明らかな影響を与えていたことが見てとれる。そして，「どちらでもない」と答えた有権者にも注目してほしい。そ

のように答える有権者は，おそらくあまり経済状態に関心がないのだろう。そういった有権者の場合，与党に投票する割合と野党に投票する割合は，それぞれ50％のあたりに近づいて拮抗していることがわかる。

投票選択と応答性

　業績評価投票は，これまでの政党評価や政策評価に注目する研究にも増して，応答性の問題と深く関わっている。社会保障政策に関する公約を実現できなかった民主党は，有権者からの罰あるいは制裁を受けるに至った。有権者からの期待に沿えず，応答性を満たすことができなかった政府を，（価値中立的に）**悪い政府**と呼ぶ。これに対して，2014年衆院選においてアベノミクスによって少なくとも株価において好景気を実現した安倍政権は，**良い政府**として再び選ばれた。

　選挙において良い政府には再選という報酬を，悪い政府には下野という制裁を有権者が与えるという選択的制裁が働いているのかどうかは，有権者が政治家の応答性を高め，政治家をコントロールするために最も重要な問題である。業績評価投票は，代表民主制において応答性を実現するための根幹をなすメカニズムとなっているのである。

　業績評価に基づいた投票には，政府与党や現職政治家の業績に関する情報が必要となる。政府与党が満足のいく業績を上げたのかどうかを知らなければ，それに基づいた賞罰を与えることはできない。同様に，自分と政策立場の近い政党を選ぶために，各政党の公約を知っておきたいと思うこともあるだろう。では私たち有権者は業績や公約についての情報をどこから手に入れているのだろうか。次の章では，選挙期間中における有権者の政治情報の入手について見ていこう。

参 照 文 献   Reference ●

Campbell, Angus, Phillip E. Coverse, Warren E. Miller, and Donald E. Stokes 1960, *The American Voter*, John Wiley & Sons.

Fiorina, Morris P. 1981, *Retrospective Voting in American National Elections*, Yale University Press.

Rabinowitz, George and Stuart E. Macdonald 1989, "A Directional Theory of Issue Voting," *American Political Science Review*, 83(1): 93–121.

CHAPTER

第 **6** 章

選挙と情報

OVERVIEW

この章では，私たち有権者が選挙の際に候補者や政党に関する情報をどこから入手しているのかを見ていく。選挙で「この政党に投票しよう」と決めるときに，有権者は政党の公約やこれまでの業績を参考にする。そこで公約や業績に関する情報を入手しておく必要があるが，その情報源として有権者は選挙キャンペーン，マスメディア，そして社会的ネットワークを活用する。これらの情報源を活用することで，有権者は比較的低いコストで情報を入手し，自分にとって望ましい政党や候補者を選び出すことができる。

1 はじめに

　第 5 章では，選挙の際に有権者がどうやって自分にとって望ましい政党や候補者を選び出すのかを説明した。実は，第 5 章の説明には重要な仮定が隠れている。その仮定とは，有権者が政党や候補者の公約や業績に関する知識を豊富に持っているというものである。そのような知識を持っているからこそ，複数の選択肢の中から，自分への政策応答性を高めてくれそうな政党や候補者を選び出すことが可能になる。例えば，景気の良し悪しを重視している有権者の場合，最近の景気は良いのか悪いのか，もし景気が良いのであればそれは現在の政府の経済政策が成功したからなのかどうかを知っておく必要がある。もし政府与党の経済政策が成功したとわかっていれば，再信任するという選択（つまり与党や現職議員に投票）ができる。

　しかし，「有権者は知識を豊富に持っている」という仮定は，現実離れしていることはすぐにわかるだろう。これまで見てきたように，知識の蓄積のために新聞を隅々まで注意深く読んだりテレビニュースを集中して視聴したりすることは，有権者にとって大きな負担となるからである。しかし，だからといって，有権者は何の知識も持たず無作為に候補者や政党を選択しているわけではない。選挙の際には，有権者が低いコストで政党や候補者に関する情報を入手できる仕組みが存在するからである。選挙期間中に有権者はさまざまなチャンネルを通じて政党や候補者に関する情報を入手することで，投票の際に必要な知識を短期的に蓄えるのである。

　この章では，有権者が情報を入手するチャンネルとして**選挙キャンペーン**，**マスメディア**，そして**社会的ネットワーク**の役割に注目する。これらのチャンネルから得られた情報が有権者の投票選択に及ぼす影響の経路は複雑である。新聞を通じて新たな情報を得たから（例えば「憲法改正に関する A 党の公約は自分が望んでいることだ！」）といってそれが投票先の選択（「A 党に投票しよう」）に直結するわけではなく，一定の条件が満たされたとき（「新聞が今回の選挙では憲法改正が最大の争点であると強調する」）にのみ，新しい情報が有権者の選択に

110 ● CHAPTER **6** 選挙と情報

影響を与えることを紹介する。

3つのチャンネル

　有権者は選挙キャンペーン，マスメディア，そして社会的ネットワークという3つのチャンネルからの情報に基づいて，政党や候補者に関する知識を短期的に蓄える。そして投票所で自分にとって最適な候補者や政党（つまり政策立場の近い，あるいは業績や能力の高い候補者や政党）を選ぶ。

　有権者が用いる1つ目のチャンネルが，選挙期間中の政党や候補者の選挙活動である。日本の衆議院議員総選挙の場合，立候補者の立候補届が地域の選挙管理委員会に受理されると，その候補者は選挙活動を行うことが可能になる。その候補者は自分の属する政党の公約や，現職議員であれば業績を訴えるために，選挙区内で演説会を行ったりビラをまいたりする。またテレビやラジオ放送を通じて訴えかけをする機会もあり，これは政見放送と呼ばれる。近年では，候補者や政党はインターネットを通じて自分たちの政策立場や業績の情報を提示することにも積極的である（インターネットを通じた選挙活動に関しては章末のColumn ❸で触れる）。選挙期間中には候補者や政党からの情報供給量が増大するため，普段は政治情報にあまり接しない有権者でも情報を得る機会が増える。それらの情報を通じて，有権者はどの候補者や政党が自分にとって望ましいかを知ることが可能になる。

　2つ目のチャンネルは新聞やテレビといったマスメディアによる報道である。選挙活動の大半は新聞やテレビニュースを通じて報道される。例えば政党党首が街頭で行った場合，その場にいた有権者はその政党の政策立場や業績に関する情報を直接受け取る。しかし，街頭演説の場にいなかった有権者は，テレビや新聞報道を通じてそれらの情報を事後的に受け取ることができるだろう。マスメディアは政治に関する情報（首相の発言，国会審議，国際情勢など）を有権者に日常的に提供する役割を担っており，選挙期間中には政党や候補者に関する報道を大きく増やす。政府与党の業績，選挙の重要争点に関する各党や各候補者の立場をまとめたり比較したりすることで，有権者の情報収集のコストを下

げる。

例えば2014年の衆院選の期間中には，ある主要新聞は安倍政権の経済政策（アベノミクス）の詳細や景気の動向，また集団的自衛権に関する各党の立場を一覧表にまとめた。通常は景気の動向を理解するためには経済指標を個別に探したり，また政策立場を比較するには各党のウェブサイトのマニフェストを見たりすることが必要になる。しかし，この新聞はそれらの情報をまとめて提示することで，有権者が時間をかけずに必要な情報を入手することを可能にした。

3つ目のチャンネルは有権者を取り巻く社会的ネットワークである。ここでいう社会的ネットワークとは家族，友人，職場の同僚など有権者が日常的に接する小さな社会集団を指す。有権者は社会的ネットワーク内のメンバーとの会話を通じて，自分が必要としている情報を低コストで入手することができる。というのも，社会的ネットワークのメンバーは自分と同じ社会経済階層にいることが多いので，結果として同じような政策を望む可能性が高い。そこで，もしネットワークのメンバーのうち政治に詳しい人がいれば，その人の判断を信用することで，新たに情報を集めることなく，その判断を確かな情報として自分の投票選択に援用すればいいからである。

例えば有権者Aの職場の同僚Bは，政治や経済に関して豊富な知識を持っているとする。このBとの会話から，Bが今回の選挙でTPP参加（TPPについては第5章98ページを参照）を支持する政党に投票する予定であるとAが知ったとしよう。Bの決断の背後には，TPP参加によって関税が撤廃されれば海外に工作機械を輸出している自分たちの会社の業績が向上し，結果として給与が上がるのではという予測がある。この場合，同じ会社に勤めるAにも同様の効果がもたらされるはずなので，このBの判断を信用し，AはBと同じ政党に投票すればいいことになる。AはTPP参加に関する政策や各政党の政策立場に関する情報を入手することなく，つまり情報収集コストを負担することなく自分にとって最適な政党を選択できたことになる。

3 情報源への接触

でははじめに，どのくらいの有権者が，選挙期間中に政党や候補者による選挙活動に接触しているかを見てみよう。ここでは2007年の参議院議員通常選挙後の世論調査データを使い，5つの活動への接触の有無の割合を**図6.1**にまとめた。回答者のうち，30から40％の有権者が選挙運動のハガキや新聞・ビラを受け取ったり，働きかけの電話を受けたりしたことがわかる。選挙の演説会や街頭演説に行くという能動的な行動を取った回答者の割合は約9％のみである。またインターネットや新聞など何らかの経路を通じて，政党のマニフェストを見聞きした回答者の割合は30％ほどである。選挙運動を通じて候補者や政党の情報を入手している有権者は一定程度いる。

次にマスメディアへの接触の有無を見てみる。上記と同様の世論調査では「あなたがふだん，政治についての情報を見たり聞いたりするメディアはどれですか」という質問に対して，回答者が新聞名やテレビの報道番組名に言及している。新聞のリストには全国紙や地方紙が含まれる。回答者を新聞名への言及なし（つまり新聞を全く読まない），1紙のみに言及，2紙以上言及と3グループに分割したところ，**図6.2**上段にまとめているように，それぞれ8.5％，

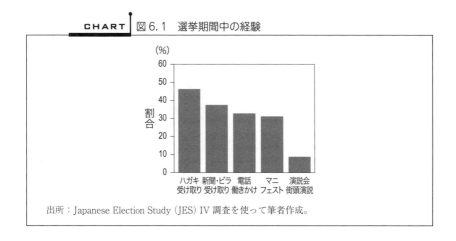

CHART 図6.1 選挙期間中の経験

出所：Japanese Election Study (JES) IV 調査を使って筆者作成。

3 情報源への接触 ● 113

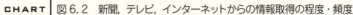
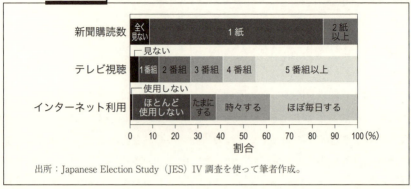

76.5％，15％となった。新聞を定期的に読んでいる回答者が大多数を占めていることから，新聞は多くの有権者にとって重要な情報源であることが示されている。

同様の分析をテレビの報道番組の視聴でも行い，その結果を図6.2中段にまとめた。報道番組のリストにはNHKや民放各社のニュース番組が含まれる。図6.2によると，大多数の回答者が定期的に少なくとも1つの報道番組を視聴していることがわかる。興味深いことに，回答者の40％は5番組かそれ以上の報道番組を視聴している。また，近年ではインターネットも重要な政治の情報源であることが，図6.2下段の分析からわかる。インターネットで政治ニュースをほぼ毎日見ると答えた回答者の割合は約4割いる。このように，新聞，テレビ，インターネットはそれぞれ情報源として重要な役割を果たしているようである。ただし年齢など社会的属性によって各メディアに接触する割合は異なる可能性が高いこと，そして世論調査の回答者は一般的に政治的関心が高いためこれらのメディアを積極的に使う可能性が高いことには注意が必要である。

最後に有権者は社会的ネットワークから政治についての情報を実際に入手しているかについて調べてみる。ここではネットワーク内に政治的な会話をするパートナーが何人いるかを指標として用いる。2009年の衆院選の際の世論調査に含まれる「あなたと話していて『日本の首相や政治家や選挙のことが話題になる人で20歳以上の方』を思いうかべてください。何かのついでという場合でもかまいません。話し相手の方についてお尋ねします。そのように首相や

図6.3 政治に関して会話する相手の数

出所：Japanese Election Study（JES）IV 調査を使って筆者作成。

政治家や選挙のことが話題になる方がいますか」という質問を利用する。**図6.3**に会話パートナーの人数別に回答者の割合をまとめた。0人と答えた回答者は約30％で，残りの70％の回答者は少なくとも政治的な会話をする相手を1人は持つ。

4 選挙キャンペーンとメディアの影響

　前節の分析から，日本の有権者の多くは，選挙運動やマスメディアを通じて政党や候補者の情報を得ていることがわかる。では実際に選挙運動やマスメディアからの情報は有権者の投票選択に大きな影響を与えているのだろうか。例えば，ある有権者が新聞報道を通じて重要争点に関する各政党の公約を学んだとする。その結果，その有権者は投票を予定していた政党Aよりも自分と政策立場の近い政党Bが存在することを知り，投票先をAからBに変更するといった行動を取るのだろうか。

　選挙運動やマスメディアの影響に関する初期の研究は，有権者が選挙運動やマスメディアからの影響をあまり受けないことを示してきた。これは**限定効果論**と呼ばれ，ラザーズフェルドらが1940年のアメリカ大統領選挙における有権者を対象として行った研究に由来する（Lazarsfeld et al. 1944）。ラザーズフェルドらは選挙期間中に同一の有権者群の投票意図を繰り返し尋ねることで，投票意図がどのように変化するかを調べた。多くの有権者は，その当時の主要なメディアであった新聞やラジオを通じてキャンペーン情報に接していたにもかかわらず，選挙期間中に投票意図を変えることはなかった。例えば，共和党大統領候補者に投票することを考えていたが，選挙期間中に民主党候補者に鞍替

えした調査回答者は少数だったのである。その一方で，もともと共和党大統領候補者に投票することを考えていたが，その支持の程度が選挙期間中に強化されたといえる回答者が全体の半数を占めた。この発見に基づいて，選挙キャンペーンやメディアの影響は限定的である，という結論をラザーズフェルドらは下したのである。

　選挙活動やマスメディアの影響が限定的な理由は3つ考えられる。1つ目は党派性の強い拘束力である。第5章で示したとおり，党派性は投票選択と密接に結びついている。そのため選挙が始まる前から自民党に投票することを決めているような強い自民党支持者は，選挙運動やマスメディアを通じて新たな情報を得ても，投票予定先を変えることはほとんどないのである。2つ目は選挙運動やメディアへの選別的接触である。有権者は自分の意見と一致する情報は積極的に見聞きするが，その一方で自分の意見と相容れない情報を無視する傾向にある。例えば与党を支持する有権者は与党に批判的な政党の街頭演説会に行ったりその政党のビラを受け取って熟読したりはしないだろう。有権者は自分の意見を変えるような情報に接触する機会を持たないので，選挙期間中に意見を変えることがないのである。3つ目は社会的ネットワークの影響力の強さである。マスメディアなどを通じて政党や候補者の情報を受け取っても，その後にもともと意見を共有していた家族や友人と頻繁に会話をすることでもとの意見に戻ってしまうことが考えられる。

　このような限定効果論に対して，近年の研究は「選挙運動やメディアの影響は本当に限定的なのか」という疑問を投げかけている。ここでは，①選挙運動やメディアの効果は有権者ごとに異なる，そして②選挙運動やメディアからの情報は有権者の意見を変化させる以外の効果も持つ，という2つの可能性に注目する。

　まず「選挙活動やマスメディアからの情報が有権者の意見を変える」と言ったときの，その背後にあるメカニズムをザラーの議論に基づいて考えてみよう(Zaller 1992, ch.7)。ザラーは，意見変化のメカニズムは情報への**接触**と**受容**という2つの過程に分割できると論じている。意見変化が起きるのは，有権者が情報に接触し，さらにその情報を受容したときのみだと言える。例えば選挙期間中に新しい情報に接触しない有権者は意見を変えることはないだろうし，た

とえ情報に接触したとしても「この党に絶対に投票する」と強固に決めている場合には，その情報を受容しても意見を変えるとは考えられない。

　情報接触と受容の確率は有権者によって大きく異なるだろう。情報接触の場合，政治知識量によって選挙運動に注目したり新聞を購読したりする頻度が異なると考えられる。ここでは，政治知識量の異なる3種類の有権者が新聞講読を通じて新しい情報に接触したかどうかを考えてみる。各有権者が10日間のうち何日にわたって新聞を読んだかを数えたとして，知識量の少ない有権者はそのうち1日のみ，知識量が中程度の有権者は5日，知識量の多い有権者は9日間にわたって新聞を読んだとしよう。この購読の頻度を確率と見なすならば，接触の確率は，

低知識量群：$1/10 = 0.1$
中知識量群：$5/10 = 0.5$
高知識量群：$9/10 = 0.9$

と定めることができる。これは新聞からの政治情報に接する機会が10回あったとして，それぞれ1回，5回，9回接触したということを意味する。各グループの接触の確率を**図6.4**にまとめた。

　同様に，情報受容の確率も有権者ごとに異なるはずである。政治知識量の少ない有権者の場合，もともと政党や候補者にあまり知識を持っていないため，新しい情報に接した場合にはその情報をすぐに知識として取り入れるだろう。一方で，知識量の多い有権者の場合，すでに多くのことを知っているので新しい情報が知識を増やす可能性は低い。結果として多くの情報を既知のものとして無視するだろう。よって，知識量の違いによって情報受容の確率をそれぞれ

低知識量群：$9/10 = 0.9$
中知識量群：$5/10 = 0.5$
高知識量群：$1/10 = 0.1$

と定めよう。それぞれの値は情報に接触した場合の受容の確率を意味している。

4　選挙キャンペーンとメディアの影響　● 117

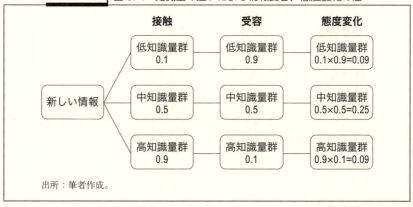

図6.4　知識量の違いによる情報受容，態度変化の差

新しい情報に10回接触したときに，それぞれ9回（低知識量），5回（中知識量），1回（高知識量）その情報を受容する。各グループの受容の確率は図6.4に示されているとおりである。

選挙運動やマスメディアからの情報が有権者の意見を変えるというメカニズムは，情報接触と情報受容の結果である。よって，意見変化の確率は情報接触の確率と情報受容の確率を掛けあわせることで求められる。図6.4によると，

$$低知識量群：0.1 \times 0.9 = 0.09$$
$$中知識量群：0.5 \times 0.5 = 0.25$$
$$高知識量群：0.9 \times 0.1 = 0.09$$

となる。ここまでの議論では情報接触や受容の確率を，わかりやすさの観点から恣意的に与えているので，意見変化の確率の数値自体にはあまり意味がない。しかし，意見変化の確率は知識量が少ない有権者と多い有権者で小さく（＝0.09），知識量が中程度の有権者で大きい（0.25）という結果は重要である。つまり，選挙運動やメディアは有権者全員に対して同じ程度の効果を持つわけではなく，特定の有権者群（ここでは中程度の政治知識を持つ有権者）にのみ影響を与えるかもしれないのである。

ここまでで紹介した限定効果論やザラーの議論は，選挙運動やマスメディアからの情報が有権者の意見変化をもたらすかどうかに注目している。つまり有

権者が選挙運動やメディアの情報に説得されて意見を変えたという**説得効果**を持つかどうかを調べている。それに対し，最近では選挙運動やメディア報道は説得以外の効果を持つことも知られている。例えば，選挙期間中に現職候補者が自分の政策立場を強調すればするほど，有権者はその候補者の政策立場を明確に認知するようになる。同様に，メディア情報への接触回数の多い有権者ほど，候補者の政策立場の認知が明確になる。つまりキャンペーンやマスメディアは有権者の**学習**を促す効果を持つのである。

　選挙運動やメディアは**誘発効果**を持つことも知られている。誘発効果とは，選挙運動やマスメディアが候補者や政党を評価する際に重視すべき基準を強調することで，有権者の投票意図に間接的に影響を及ぼすことを意味する。クロスニックとキンダーは，アメリカで 1986 年に発覚したイラン・コントラ事件（当時のレーガン政権が，イランへの武器の売却代金を使ってニカラグアのゲリラグループであったコントラを経済的に支援していたというスキャンダル）の誘発効果を明らかにした（Krosnick and Kinder 1990）。この事件がメディアによって大きく取り上げられるようになると，レーガン政権への支持（特にレーガン政権の外交政策への支持）が急落した。これはメディアによるイラン・コントラ事件の報道によって，有権者はレーガン政権を評するときの基準としてイラン・コントラ事件への関与を用いるようになったためだと思われる。

　別の例として，ヘザリントンによる研究もある（Hetherington 1996）。1992 年のアメリカ大統領選挙では，経済状況が好転していたにもかかわらずメディアは景気が悪いという報道を行った。そのためメディアへの接触頻度が多い有権者ほど経済状況が悪いと認識し，その責任を負うべきである現職のブッシュ大統領へ投票することを避けた。これはメディアの報道によって有権者が経済状況の悪さを投票選択の評価基準として重視することになった表れだと言える。

　日本での選挙における誘発効果の代表例として，2005 年の衆院選における郵政民営化をめぐる争点がある。この選挙を例として，日本における誘発効果の有無を実際に調べてみよう。2005 年 8 月に参議院本会議で郵政民営化法案が否決されたことを受け，当時の小泉内閣は衆議院を解散することを決めた。解散を受け，小泉首相は以下のように発言した。

私は，今年の通常国会冒頭におきましても，施政方針演説で郵政民営化の必要性を説いてまいりました。そして，今国会でこの郵政民営化法案を成立させると言ってまいりました。しかし，残念ながらこの法案は否決され廃案となりました。国会の結論が，郵政民営化は必要ないという判断を下された。私は本当に国民のみなさんが，この郵政民営化は必要ないのか，国民のみなさんに聞いてみたいと思います。言わば，今回の解散は郵政解散であります。郵政民営化に賛成してくれるのか，反対するのか，これをはっきりと国民の皆様に問いたいと思います。(2005 年 8 月 8 日小泉首相の記者会見)

　この記者会見で，小泉首相は選挙における最大の争点が郵政民営化への賛否であることを強調し，加えて自民党は郵政民営化法案に反対した自民党議員を公認せず，「刺客」と呼ばれる反対候補をそれら議員の選挙区に送り込むという戦略を取った。そのためマスメディアも郵政民営化を選挙における最重要な争点として報道することとなった。これらの状況から，2005 年の衆院選では郵政民営化への賛否が誘発効果となり，それを基準に多くの有権者が投票選択を行ったのではと考えられる。

　この予想は実際に世論調査データを使って確認することができる。まずどれくらいの有権者が 2005 年の選挙において郵政民営化を争点として重視していたかを見よう。「賛成・反対は別にして，あなたはどの問題を重視して投票しましたか」という質問に対し，郵政民営化に言及した回答者は 54.2% に上った。これは提示された 12 の争点の中で最も高い割合であった (2 番目は社会保障制度への言及 [54.1%]，3 番目は税金への言及 [47.6%] であった)。

　次に郵政民営化への賛否が投票選択に与えた影響を見てみよう。ここでは 2003 年と 2005 年の衆院選での投票選択を比較してみる。2005 年では誘発効果の影響で郵政民営化への賛否が投票選択と密接に結びつくはずであるが，郵政民営化が重要な争点ではなかった 2003 年にはそのような関係は見られないはずである。実際，**図 6.5** には予想どおりの傾向が見て取れる。2003 年には自民党に投票した回答者の割合は郵政民営化賛成で 40.5%，反対で 34.1% であり，その差は約 6 ポイントと小さい。しかし 2005 年には自民党に投票した回答者の割合は郵政民営化賛成で 58.3%，反対で 15.3% となり，その差は 40 ポ

図6.5 郵政民営化への賛否と自民党への投票（比例区）

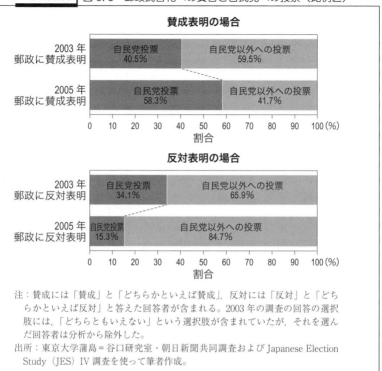

注：賛成には「賛成」と「どちらかといえば賛成」、反対には「反対」と「どちらかといえば反対」と答えた回答者が含まれる。2003年の調査の回答の選択肢には、「どちらともいえない」という選択肢が含まれていたが、それを選んだ回答者は分析から除外した。
出所：東京大学蒲島・谷口研究室・朝日新聞共同調査およびJapanese Election Study（JES）IV 調査を使って筆者作成。

イント以上になっている。小泉首相の発言やその後のメディア報道により郵政民営化への賛否が与党自民党か野党への投票の重要な基準となったことがわかる。

　このように、選挙活動やマスメディアは学習や誘発を通じて有権者の投票選択に一定の影響を及ぼすと言える。選挙活動やマスメディアが自分にとって望ましい候補者や政党を選ぼうとする有権者の手助けをしているのであれば、それらは代表民主制における応答性の維持には欠かせない役割を果たしていると言える。実際、メディアからの情報が増えるほど選挙を通じて政治家の応答性が高まることを示した研究がある。スナイダーとストロムバーグは次のような流れがアメリカにおいて存在することを示した（Snyder and Strömberg 2010）。すなわち、ある議員に関する報道量が増加することによって、その議員についての選挙区の有権者の知識量が増加する。すると有権者の投票参加率が上昇し、

それを受けてその議員の政治活動が活発になると同時に，選挙区の有権者の政策立場を反映した行動を取るようになる。そしてその結果として，選挙区への補助金配分が増加するのである。

この研究はメディアからの情報により有権者は現職議員に関する知識を増やし，それが自分たちにとって望ましい（つまり応答性の高い）議員を選ぶことにつながっていることを示している。これは同時に，有権者がメディアから自分に関する情報を入手していることを現職議員が知っているので，再選を目指すそれらの議員ができるだけ選挙区の有権者に対する応答性を高めるような行動を取っていることも意味している。

このように選挙活動やメディアは有権者の投票選択を手助けし，最終的に有権者に対する政治家の応答性を高めるために欠かせない存在であることは間違いない。しかし一方で，その役割を過度に強調すべきでもない。前述したとおり，党派性の強い有権者の場合には選挙活動やメディアによる学習効果や誘発効果はそれほど大きくない可能性が高い。また，学習効果や誘発効果は永続的ではなく一時的なものかもしれない。さらに次節で述べるように有権者は選挙活動やメディアだけではなく社会的ネットワークの影響にも常にさらされている。よって選挙活動やメディアの情報から一時的に意見に変化があっても，その変化は社会的ネットワークからの影響で相殺される可能性がある。

⑤ 社会的ネットワークの影響

選挙キャンペーンやメディアの限定効果論を提示したラザーズフェルドらは，有権者の投票選択にはメディアよりも社会的ネットワークのほうが強い影響力を持つことを示した。図6.3で示したとおり，少なくない有権者が日常的に政治的な会話をするパートナーを持つ。つまりこのような有権者は，選挙期間中に家族と食卓を囲みながら選挙のことを話題にしたり，休憩時間に同僚と政党の公約について批評をしたりするのである。

会話のパートナーである家族・同僚・友人は有権者本人と同程度の学歴や所得を持つことが多い。第1章や第3章で論じたように，学歴や所得などの社会

経済的地位は政治的意見や党派性を規定する要因であるので，社会経済的地位を共有していれば同じような政治的意見や党派性を持つ可能性が高い。例えば，所得の高い有権者ほど福祉政策の拡充に反対することを第1章で見たが，このような有権者は所得程度の高いメンバーの多い社会的ネットワークに属するため，自分と似たような意見を持つ人々と交流する可能性が高いのである。ラザーズフェルドとその共著者であるベレルソンたちは，「親しいつながりを持つ小さなグループの中で政治的均質性が育まれるのである。選挙期間中に政治的選考は接触を通じて人から人へ広まっていく」と述べている（Berelson et al. 1954, p. 122）。日常的な会話を通じて有権者は相互に影響を与えあい，結果として彼らの政治的意見や投票選択が変化していくのである。

　ではなぜ，社会的ネットワークは有権者の投票選択に強い影響を与えるのだろうか。その理由として，他の情報源に比べ情報入手のコストが低いということが挙げられる。能動的あるいは受動的に選挙活動やマスメディアから情報を入手する場合，その情報を理解して自分にとって必要かどうかを自分で取捨選択しなければならない。情報を入手する時間的コストに加え，情報を理解する認知的コストも負担しなければならないのである。一方，社会的ネットワークから情報を得る場合にはそのコストが低くなると考えられる。というのも，前述のように日常的に接する家族や同僚は，自分と同じ社会経済的グループに属するので彼らが政治的に望むことは自分が望むことと同一である可能性が高い。特に政治に詳しい会話パートナーがいる場合，そのパートナーが支持する政策や政党・候補者は自分にとっても望ましいものであると予測できるのである。そのパートナーとの会話という時間的コストの負担は必要であるがそれは小さいものであるし，またパートナーからの情報はそのまま自分の投票選択に使えるので認知的コストも小さい。社会的ネットワークを通じた情報収集は効率的であるため，社会的ネットワークは有権者に強い影響を及ぼすのである。

　社会的ネットワークの特徴として最も重要なのは，社会的ネットワーク内の会話の相手の党派性である。有権者がA党の支持者と日常的に会話をする機会が多ければ，その有権者もA党を支持する確率が高まる。日本の場合だと，世論調査の回答者の社会的ネットワーク内に自民党支持者や民主党支持者が増えれば，回答者がそれぞれの政党に投票する確率が高くなる。また，会話の相

手の政治知識が豊富なほど，その相手とより頻繁に交流するようになり，また有権者はそのような相手を積極的に求める。

このように，自分と同じ党派性や政策立場を持つ人々との交流は，有権者の投票選択に大きな影響を及ぼすと考えられる。社会的ネットワーク内での交流は自分にとって望ましい候補者や政党を選ぶ手助けになる。各有権者が政治的に均質的な人々に囲まれていることは，情報収集コストの削減や「正しい」選択の可能性を高めるという意味で，応答性の確保の維持につながると言えるだろう。その一方で，党派性の均質化した社会的ネットワーク内のみで接触を行うのであれば，情報の内容が画一的になり選択の幅を狭めることにもなりかねない。今まで A 党がいいと思っていたし他の会話パートナーもそう言っているが，よく調べてみたら最近では B 党のほうが自分たちの望みに近い政策立場を取っている，といったことが起きるかもしれないのである。そのため，自分とは異なる党派性や政策立場を持つ相手との交流も重要になる。

参照文献　　　　　　　　　　　　　　　　　　　　　　　　　Reference ●

Berelson, Bernard R., Paul F. Lazarsfeld, and William N. McPhee 1954, *Voting: A Study of Opinion Formation in a Presidential Campaign*, University of Chicago Press.

Hetherington, Marc J. 1996, "The Media's Role in Forming Voters' National Economic Evaluations in 1992," *American Journal of Political Science*, 40 (2): 372–395.

Krosnick, Jon A. and Donald R. Kinder 1990, "Altering the Foundations of Support for the President through Priming," *American Political Science Review*, 84(2): 497–512.

Lazarsfeld, Paul, Bernard Berelson, and Hazel Gaudet 1944, *People's Choice: How the Voter Makes up His Mind in a Presidential Campaign*, Columbia University Press.

Snyder, James M. and David Strömberg 2010, "Press Coverage and Political Accountability," *Journal of Political Economy*, 118(2): 355–408.

Zaller, John 1992, *The Nature and Origins of Mass Opinion*, Cambridge University Press.

Column ❸ 有権者の政治知識を増やす新制度？――「ネット選挙運動」の導入

　これまで繰り返し指摘してきたように，有権者が政治について知っていることは決して多くない。しかし有権者は，政治についての難しい判断を下すのにただ手をこまねいているわけではない。この章では，有権者は選挙キャンペーン，マスメディア，社会的ネットワークを通じて，大きなコストを払うことなく候補者や政党についての情報を収集することを説明してきた。有権者は選挙期間中に政治に関する知識を短期的に増やして，なるべく自分にとって最善の判断を下そうとするのである。

　有権者が利用できる新しいチャンネルとして，最近インターネット上のソーシャル・ネットワーキング・サービス（SNS）が加わった。もちろんこれまでも有権者はインターネットを通じてマスメディアによる報道からの情報を得ていたが，2013 年 4 月からは有権者は SNS を通じて候補者や政党が発する情報を直接入手できるようになったのである。公職選挙法の「文書図画の頒布の規制」が一部緩められたことによって，候補者が選挙期間中であってもtwitter や Facebook を通じて，政策の主張や自らの選挙活動に関する情報を有権者に直接発信できるようになったことがこの背景にある。また候補者は電子メールを通じて，有権者にメッセージを送ることもできるようになった。この結果，候補者や政党からの発信に応じて，有権者は関心のある候補者の活動をフォローし，また疑問に思ったことがあれば候補者と直接コミュニケーションを取ることもできるようになった。こうして，選挙についてリアルタイムに情報を更新し，より多くの判断材料を得る機会が有権者に開かれたのである。

　では，候補者や政党によるインターネットを通じた選挙活動という新しい制度の導入によって，有権者の選挙への関心は高まったり政治知識は増えたりしたのだろうか。これを確かめるべく，実際に twitter でのつぶやきのデータを分析した『朝日新聞』の特集記事を見てみよう。データは 2014 年 12 月に行われた衆院選の期間に集められたものであり，ネットを通じた選挙運動が解禁された 2 度目の国政選挙にあたる。データの集計結果を見ると，衆院選公示日以降に候補者，有権者ともに，政治や選挙に関する言及が増えている。ネット選挙運動が導入される以前の選挙では，有権者のつぶやきが増えていたのだとしても，候補者はつぶやくことすら許されなかったのだから，これは随分大きな変化であろう。有権者からすると，候補者についての情報に接する機会が格段に増えたように見える。

　しかし，候補者と有権者がつぶやいた内容を検討してみると，両者が発信している情報には大きな違いがあることが見えてくる。候補者は，自らが選挙区

Column ❸　有権者の政治知識を増やす新制度？　● 125

でどれだけ積極的に活動したのかという活動報告や，演説日時や場所の告知に力を入れている。この傾向は与党の候補者のほうが顕著であった。与党候補者の全ツイートの 90% が活動報告に占められているのに対し，政策に関する発信は 9.8% とかなり少ない。

　かたや有権者は，「アベノミクス」「消費税増税」「財政再建」といった経済関連の政策について多く発信している。選挙期間中に有権者が最も関心を持っていたのが経済政策であることはまず間違いないだろう。経済問題についての有権者の高い関心に対して，経済政策の詳しい中身や現状の経済動向について情報を発信できるのは政府与党である。しかし，政府与党の候補者たちは個人の活動報告に終始しており，有権者が本当に知りたかったことに応えられていなかったのかもしれない。

　インターネットによる選挙運動の解禁により，有権者が直接に入手できる候補者や政党の情報の総量は増えたはずである。その結果，有権者の知識量が増えたかもしれない。しかし，有権者が本当に必要としている情報が，候補者や政党の側から届けられるとは限らないことも指摘しておく。

第 3 部
民意と政策のつながり

CHAPTER
序
1
2
3
4
5
6
7 民意と経済
8 民意と政策
9 選挙制度の影響
終

CHAPTER

第 **7** 章

民意と経済

OVERVIEW

　この章では，良い経済状態の実現を望む有権者の存在が，政府の政策を通じて経済にどのような影響を与えるのか考える。一般的に，景気を良くしたり経済成長を促したりすることで，有権者の望みを実現した与党ほど選挙で勝つ可能性が高い。これを知っている与党は選挙に向けて経済状態を良くするための政策を実施するので，選挙に向けて景気が変動する。また，実施される政策は与党のイデオロギーによって異なる。

1 はじめに

　第4章，第5章で述べたように，有権者は選挙において自らの意見を最も代表してくれる政党や候補者に投票することによって意見を政府に伝え，政府を通じて自らの利益を実現しようとする。つまり，有権者が選挙に参加し，投票する政党や候補者を選ぶことによって，有権者の持つ政策意見が政府へと「入力」されるのである。そうした政府への意見の「入力」は，政府からの「出力」としての政策とどのように連動しているのであろうか。また，その政策は有権者の次の「入力」，つまり次の選挙での投票選択にどのような影響を与えるのであろうか。

　これらの問いは，7ページの**図序.1**で示した代表民主制における政治の一連の流れと関連する。「入力」とは，**図序.1**の②の過程を指し，選挙において有権者が応答性の高そうな政党や政治家に票を投じることを意味する。「出力」とは④の過程を指し，選ばれた政党や政治家が政府としてさまざまな分野における政策を作ることを意味する。そして，「出力が次の選挙での入力に影響する」とは，④から①を経て②に続く過程を指し，政府によって作られた政策やその結果を見て，有権者が政府の応答性を判断して次の選挙での投票先を決めることを意味する。

　この章では，代表民主制におけるこれら「入力→出力→入力」という一連の関係を，景気対策やその結果である経済状態の事例を使って整理していく。まず，「出力→入力」の過程に注目し，選挙時の経済状態が有権者の投票選択にどのような影響を与えるのかを考える。支持政党やイデオロギーにかかわらず，「経済を良くしてほしい」というのは有権者共通の望みだろう。経済が良くなれば，収入が増えたり生活水準が上がったりするからである。そこで，有権者は，良い経済状態を実現してくれる政府こそが応答性の高い政府だと見なし，選挙ではそのときの経済状態に基づいて投票先の選択を行うだろう。つまり，経済状態が良ければ与党へ投票し，逆に経済状態が悪ければ野党へ投票するはずである。この経済投票の考え方はすでに第5章でも紹介したが，この章では

1 はじめに　● 129

経済投票が過去の多くの選挙で行われてきたことを確認する。

　次に,「入力→出力」の過程に注目し,選挙で選ばれた政府がどのような景気浮揚政策を作るのかを考える。良い経済状態と与党への投票とが結びつくのであれば,政府与党は「経済を良くしてほしい」との有権者の要望に応えようと努力するだろう。与党は,次の選挙での再選を目指して,経済状態を少しでも良く見せようとする。特に,政府が選挙を前にしてこのままでは悪い経済状態のもとで選挙を迎えてしまうと判断するのであれば,選挙で勝つために政府与党は選挙前に景気対策を行うであろう。そこで,この章では選挙前になると政府与党が景気対策を行い,またその結果として経済状態が変化するのかを見ていく。

　この章の最後では,経済分野におけるこれら「入力→出力→入力」の関係が有権者に対する政府の応答性にとってどんな意味を持つのかを考える。選挙前の政府与党による景気対策は有権者の「良い経済状態を実現してほしい」という要望を叶えているように見える。しかし,短期的な経済対策は見せかけの好景気を実現しているだけかもしれず,実際には有権者の生活水準の上昇とは結びついていないかもしれない。そして,その結果有権者は見せかけの経済状態に騙されて与党に投票してしまうかもしれない。このような可能性が生じる理由を,情報の非対称性という観点からこの章の最後で解説する。

 ## 経済状態と与党への投票

　これまで本書で繰り返し強調してきたとおり,政府の応答性を維持するための条件は有権者が選挙において適切な判断を下すことである。個別の選挙において応答性が高い政党やその候補者は再選させ,反対にそうではない政党やその候補者は落選させる,ということを繰り返すことで,全体として有権者に対する政府の応答性が確保される。政策応答性という政府からの出力に基づいて選挙での入力を行うことで,応答性の低い政党や政治家を排除していき自分の望みを実現するのである。

　経済面での政府の応答性を評価する基準として,国の経済状態は重要な役割

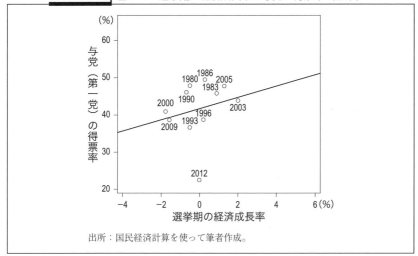

図 7.1　選挙期の経済成長率と与党の得票率（日本）

出所：国民経済計算を使って筆者作成。

を果たす。第5章では2013年の参議院議員通常選挙における有権者の主観的経済評価に注目し，景気が良いと感じる有権者は与党へ，景気が悪いと感じる有権者は野党へ投票したことを示した。つまり有権者は景気が良いことを応答性の高さだと見なし，それを実現した政府与党へと票を投じたのである。

　このような経済投票（第5章参照）は，過去十数回の日本の衆議院議員総選挙においても見られる。経済状態に関する政府の出力が，有権者の投票選択という入力に影響を与えている。**図 7.1** は，衆院選時の経済成長率を横軸に，その選挙における与党第一党の得票率を縦軸にとったものである。選挙期の経済成長率は，衆院選の行われた月を含む四半期の実質季節調整済み GDP 成長率を利用した。各点は選挙の年を表している。また図中の直線は，この点の散らばり具合をもとにして推定された，経済成長率の与党得票率への影響を表したものである。この直線が右肩上がりになっていることから，全体として経済成長率が高いときの選挙ほど，与党第一党の得票率が高いという関係があることがわかる。例えば，2005年の衆院選において経済成長率は約 1.3％ と 1980 年以降2番目に高かったが，この時の与党・自民党は小選挙区で約 48％ もの高い得票率を記録した。しかしその次の 2009 年の衆院選において経済成長率は約 −1.6％ と反転している。その年の選挙で，与党・自民党の得票率は 40％ を

2　経済状態と与党への投票　● 131

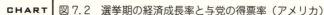
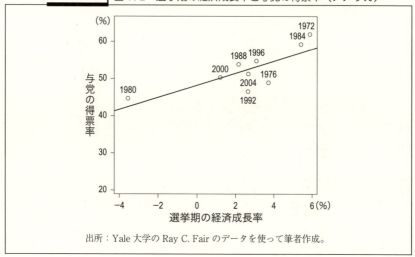

図7.2 選挙期の経済成長率と与党の得票率（アメリカ）

出所：Yale 大学の Ray C. Fair のデータを使って筆者作成。

切るなど一気に落ち込んだのである。こうしたことから，日本の選挙において全体として有権者は客観的な指標において景気が良いときには与党により多くの票を与えることで報酬を与える一方，景気が悪いときには野党により多く投票することで与党に罰を与えているということがわかる。

またこの傾向がより強く表れるのが，民主党と共和党の二大政党の候補者で争われるアメリカの大統領選挙である。図7.2 は，アメリカの各大統領選挙時の経済成長率を横軸に，その選挙における与党候補者の得票率を縦軸にとったものである。「選挙期の経済成長率」は大統領選挙が行われた年の第 1-3 四半期の重みづけ GDP 成長率（前年比）を利用した。各点は選挙の年を表している。また図中の直線は，図7.1 と同じくこの点の散らばり具合をもとに推定された，経済成長率の与党候補者の得票率への影響を表したものである。ここでもこの直線が右肩上がりになっていることから，全体として経済成長率が高いときの選挙ほど，与党第一党の得票率が高いという関係があることがわかる。例えば，経済成長率が約 −3.6％ であった 1980 年の大統領選挙では現職（与党）の民主党候補者が挑戦者（野党）の共和党候補者に敗れた一方で，1984 年の大統領選挙では 5.4％ という高い経済成長率のもと，現職の共和党候補者は 60％ 近い得票率で挑戦者の民主党候補者に圧勝したのである。

図7.2は，アメリカにおいても業績評価投票が起こっていることを示している。その傾向は，日本の場合よりも少し強いかもしれない。その理由の1つとして，アメリカは大統領制という政治制度を採用していることが考えられる。というのも大統領制では政策を実行する主役は大統領という個人の政治家であるため，その政策の責任が大統領個人にあると見なす人々が多いからである。一方，日本のような議院内閣制の国では経済運営の責任が首相ではなく内閣や政府与党にあると見なされるため，責任の所在が不明確になりやすい（Anderson 2000）。いずれにせよ，これらの結果は，程度の差こそあれ日本でもアメリカでも有権者は各選挙において客観的な経済状況を参考にすることで政府の応答性を判断し投票選択を行っているということを示している。

3 与党の景気対策と選挙のタイミング

　もし有権者が，経済状況を判断基準として選挙における投票選択を行うのであれば，与党は選挙で勝つために経済を良くしようとするであろう。つまり，有権者の経済投票という入力が，政府による景気対策という出力に影響を及ぼすのである。特にアメリカの大統領選挙や，日本の参院選のように選挙が行われるタイミングが前もって決まっていれば，それに向けて経済状態を操作するという動機が強くなる。ただし日本の衆院選の場合，首相が衆議院を解散することで，選挙のタイミングを決めることも可能なので，景気が良いときを狙って選挙を実施しているという可能性も否定できない。しかし，それでも選挙を前にして政府与党が何らかの景気対策を行っている可能性は高い。

　例えば，2009年3月，自民党の麻生太郎政権は，緊急経済対策として「定額給付金」を支給した。その中身は，1人につき12000円，18歳以下と65歳以上については8000円多く20000円を無条件に支給するというものであり，その総額は約2兆円にも上った。『朝日新聞』の2008年10月31日の記事によると，この政策に対する人々の反応として「数万円くれたって，あとで全部増税で跳ね返ってくるのはかなわない」「財政赤字が積みかさなるなかで，さらにばらまきをおこなうのはけしからん」という否定的な意見が挙げられている

3　与党の景気対策と選挙のタイミング　● 133

『朝日新聞』2008年10月31日付夕刊

　一方で,「でも,いまちょっとでもらえる分にはうれしいな」というように,肯定的なものもある。現に,定額給付金の支給による,消費増加の効果は8%程度あったとされ,経済成長率を0.13%上げるのに寄与したとも言われている。そして給付金の支給から4か月後の2009年7月に衆院選が行われていることから,給付金の支給は選挙を意識したものであった可能性が高いと言えるであろう。ただしこの選挙で自民党は政権を追われたので,定額給付金の支給は与党を大きく利することにはならなかったようである。

　このように与党が選挙を意識して景気を操作する可能性があるということは何を意味するのであろうか。それは,有権者が有能な政党や政治家を選挙にお

いて正しく選択できていないかもしれないということである。与党が選挙前に実態が伴わないのにもかかわらず人為的に良い経済状態を生み出すことが可能であるならば，実際には実績がない与党が選挙で有権者の信任を得てしまうかもしれない。もちろん先に紹介した『朝日新聞』の記事にあるとおり，多くの有権者はこうした政府による景気対策が，選挙を意識したバラマキであるということを見抜いている。しかし，それでもなお与党によるこうした試みが行われるのは，現在の良い経済状態が実質を伴ったものなのか，それとも日和見的に，つまりは選挙目当てで作り出されたものなのか，有権者にとって確かめる方法がないからである。それに比べて与党は，経済状態の実際について有権者よりもより多くの情報を持つ。

　そうである以上，与党が主張する優れた経済実績を有権者は最初から疑ってかかることはできない。というのも，もし与党が主張する実績が本当のものであった場合，有能な与党を政権の座から追い落とすことになるからである。つまり，与党と有権者との間で経済状態について知っていることに違いがあるために，有権者は政府によるバラマキが選挙目当てだとわかっていても，それだけで与党に投票しないわけにはいかない。そして，ロゴフとシバートが指摘しているように，そのこと理解している与党は有権者を騙そうとする動機を持つことになるのである（Rogoff and Sibert 1988）。このように持っている情報の量に差があることを，**情報の非対称性**という。次節では，この与党と有権者との間の情報の非対称性が，選挙という機会を通じてどのように政府の景気対策に影響を与えるのか，そしてその景気対策がどのような影響を経済に与えるのかを検討する。

4 政治的景気循環

　ここまで紹介してきたとおり，与党は有権者との間にある景気の実態についての情報の非対称性を利用して選挙前に景気対策を行い，一時的に景気を良くしようとする動機を持つ。こうした景気対策の代表的なものが，政府による大規模な財政支出である。財政支出には先述したような給付金も含まれるが，そ

4　政治的景気循環 ● 135

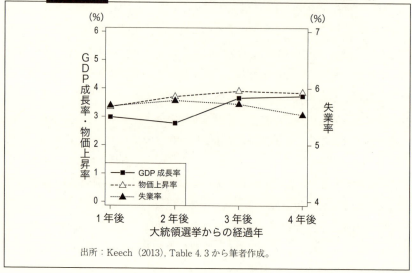

図7.3 アメリカにおける選挙周期と経済（全政権平均）

出所：Keech (2013), Table 4.3 から筆者作成。

のうち最も代表的なものが，道路や施設を建設するための公共事業である。政府の予算から公共事業を行うことで，設備や建築資材，労働力への需要が高まり，結果として失業率は低下する。つまり，選挙が近づくにつれ景気が良くなり，失業率は改善されることが予測できる。

しかし一方で，こうしたある意味不自然な財政支出は，同時に物価上昇を招く。それまで政府が抱えていたカネを社会に放出するので，その分カネの価値が下がり，同じ金額のカネで購入できるモノの量は少なくなる。カネの量だけが増えると，例えばそれまで1個100円で買うことのできたリンゴが，200円出さないと買えないかもしれない。つまり，選挙が近づくにつれ景気が良くなり，失業率は改善されるが，それによって物価が上昇することが予測される。このことは失業率の改善と物価の抑制という望ましい状態は一般的に両立困難であるということを意味する。

このような，選挙が行われるタイミング，すなわち選挙の周期に合わせた，経済成長率，失業率，物価の変化をノードハウスは**政治的景気循環**と呼んだ（Nordhaus 1975）。こうした政治的景気循環は実際にどの程度観察されるのであろうか。ここでは研究の蓄積が豊富なアメリカの例を使って確認する。**図7.3**は，1949年から2008年までのすべての政権について，大統領選挙年の翌年を

1年目として，次の大統領選挙がある4年目までの4年間，年ごとにそれぞれ平均をとったGDP成長率，失業率，物価上昇率の推移を示したものである。これによると，GDP成長率は大統領選挙の2年後の2.98％を底として，4年後の次の大統領選挙の年に3.72％とピークを迎えている。また，失業率も2年目に5.78％と最悪の値を示した後，4年後の次の大統領選挙の年に5.53％と底を打っている。さらに，物価上昇率は財政支出による経済成長に伴って，大統領選挙から4年後の次の大統領選挙の年に向けて上昇する傾向がうかがえる。つまり，アメリカにおいて選挙の周期と経済状態の変化は概ね予測と合致している。

　とはいえ，この予測と実際との合致の度合いが相当弱いものであるということは否めない。しかし，別の要因を考慮するともっと明確にある傾向が見えてくる。アレシナとロゼンタールは，その考慮する要因として与党の党派性に注目した（Alesina and Rosenthal 1995）。アメリカでは民主党と共和党という二大政党が存在している。民主党は経済的にリベラルなイデオロギーを持っており，福祉政策など政府の財政支出を通じて，その主要な支持者である低所得者や一般労働者の利益を実現しようと試みるが，その反面，大企業や投資家の利益を重視しない。一方で，共和党は経済的に保守的（古典的自由主義的）なイデオロギーを持っており，法人税減税や規制緩和などの政策を通じて自由市場経済の担い手たる大企業や投資家の利益の促進を図ろうとするが，その反面，低所得者層や一般労働者の生活水準向上に力を入れることには消極的である。

　これらが示唆するのは，民主党は低所得者や一般労働者の生活に直結する失業率の改善をより重視し財政政策を行う傾向がある一方，共和党は大企業や資産家の資産の目減りにつながる物価上昇を抑えるべく，社会に出回るカネの量を調節する政策，すなわち金融政策に重きを置く傾向がある。つまり，民主党政権下では財政支出による経済成長と失業率の改善が顕著に見られる一方，物価は上昇すると考えられる。反対に，共和党政権下では金融政策による物価上昇率の低下が顕著に見られる一方，経済成長や失業率の改善は期待できないであろう。

　まずは民主党政権下の選挙周期における経済状態から見てみよう。図7.4は，先ほどと同じ期間中の民主党政権について，大統領選挙年の翌年を1年目とし

4　政治的景気循環　● 137

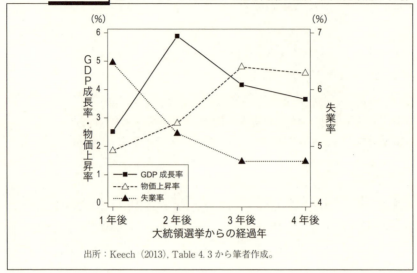

図7.4 アメリカにおける選挙周期と経済（民主党政権の平均）

出所：Keech（2013），Table 4.3から筆者作成。

て，次の大統領選挙のある4年目までの4年間，年ごとにそれぞれ平均をとったGDP成長率，失業率，物価上昇率の推移を示したものである。これによると，経済成長率は大統領選挙の2年後に5.9%と高い値を示し，その影響か失業率は1年目の6.47%から4年後の次の大統領選挙の年の4.72%と，大統領選挙に向けて一貫して低下している。反対に，物価上昇率は1年目の2%弱から，3年目と4年目の4%台後半へと上昇している。つまり，アメリカにおいて民主党政権は，選挙に向けて低所得者や一般労働者の支持を得るべく財政政策を実行して失業率を下げる一方，資産の目減りを気にする大企業や資産家の利益は顧みることなく物価上昇を放置するのである。

次に，**図7.5**は，先ほどと同じ期間中の共和党政権について，大統領選挙年の翌年を1年目として，次の大統領選挙のある4年目までの4年間，年ごとにそれぞれ平均をとったGDP成長率，失業率，物価上昇率の推移を示したものである。これによると，経済成長率は大統領選挙の4年後の次の大統領選挙の年に3.77%と期間中で最も高い値を示しているものの，その上昇幅は民主党政権下ほど大きなものではない。失業率は1年目の5%台前半から3年目，4年目の6%台前半へと上昇している。反対に，物価上昇率は1年目の4%台半ばから，3年目と4年目の3%台前半と低下している。つまり，アメリカにお

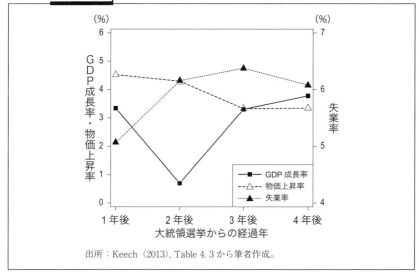

図7.5 アメリカにおける選挙周期と経済（共和党政権の平均）

出所：Keech (2013), Table 4.3 から筆者作成。

いて共和党政権は，選挙に向けて大企業や資産家の支持を得るべく金融政策を実施することで物価上昇を抑制する一方，低所得者や一般労働者の利益は顧みることなく失業率上昇を放置するのである。

　以上の結果から，アメリカにおいて与党は次の選挙で勝つために確かに経済に働きかけているものの，その方法や対象は与党の党派性によって異なるということがわかる。図7.3に見られるあまりはっきりしない傾向は，そうした党派性の違いを考慮しなかった結果である。いずれにせよ，代表民主制において選挙が存在する中で，有権者が良い経済状態を望み，与党が選挙で勝つためにその要望を実現しようとすることは，支持基盤やイデオロギーによって異なる与党の景気対策の内容の違いや，その結果としての選挙周期に即した異なる経済状態の変化のパターンをもたらすのである。

5 政治家と有権者の情報の非対称が克服される条件

　最後にこれまでの議論をもとに，代表民主制において政治家と有権者の情報の非対称が克服される条件について考えてみたい。この章や第5章で説明した

ように，良い経済状態を実現した与党ほど，次の選挙で多くの票を得る。選挙における有権者の経済評価の重要さを把握している与党は，意図的に選挙前に景気を良くしようとする。そして有権者も与党による経済状態の操作の可能性を理解しているものの，経済の正確な実態について有権者は詳細な情報を持たない。その結果，見せかけの景気に騙されて，実際には経済状態を改善したわけではない能力の低い与党を支持してしまう可能性が生まれる。

　民意と経済に関するこの一連のストーリーは，有権者に対する政府の応答性を維持することが難しいことを意味する。政府による景気対策が実を結んで本当に景気が良くなっているのか，あるいは選挙のために人為的に作り出された見せかけの好景気なのかを有権者が見抜くことができるのであれば，与党も選挙に向けて意図的に経済を操作するようなことはしないであろう。しかし，これまで繰り返し指摘したように，有権者の政治知識は限られている。特に景気対策は複雑な内容を持ち，政府がどのような意図でどのような政策を実施しているかを理解するのは難しい。一方で，政府はその政策の内容や政策が生み出す結果について詳細な情報を持つ。政府と有権者の間に存在する情報の非対称性は，応答性の高い，つまり経済分野における能力の高い，政府を選び出すことを難しくする。

　情報の非対称性は何も経済に限ったことではない。例えば，税金によって賄われる政治家の活動費（政務活動費）がどのように使われているのか有権者が知らないのであれば，政治家は不正に自分の私的な利益のためにそのお金を遣おうとするであろう。また，どのような法案が現在国会で審議されているのか，それらに対して政治家がどのような投票を行っているのか，有権者が知らないのであれば，一般有権者の不利益になるものでも自らの利益を実現するための法案を政治家は通そうとするかもしれない。

　では，有権者の不利益の原因となる，政治家と有権者の情報の非対称性を少しでも軽減する手段としては何が考えられるであろうか。もちろんまずは有権者が「賢くなる」ことが重要である。有権者自身が政治に関心を持ち，政策や経済についての知識を蓄積するなら，政府が行っていることが何にどのような影響を及ぼしているのか，誰にその責任があるのかを判断することがより容易になるであろう。またそこまでできなくても，例えば「政府は選挙前にはバラ

マキを行う動機を持つ」ということを知るだけでも，実際の経済状況を割り引いて見ることもできるし，このような有権者が多ければ，政府にとって選挙前に後々経済に悪い影響を与えるような無理なバラマキを行う動機は小さくなるであろう。つまり，有権者が知識を蓄積することで，政府が有権者に対して嘘をつきにくくなるのである。

　とはいえ有権者自身はもっと政治に関心を払うべき，というのは従来から繰り返し言われていることである。それが実現されているとは言えない現状を考えれば，あまり現実的な解決策とはならない可能性が高い。そこで有権者の能力が変わらないとしても，有権者を取り巻く環境が変わることによって政府と有権者の間の情報の非対称性が解消する可能性について検討してみよう。第1に，それは情報公開制度の整備である。情報公開制度の整備が進み，政府の財政に関する公式統計がインターネットで公開されたり，情報公開請求が容易にできるようになったりすれば，能力のある有権者は政府の「景気が良くなった」「財政状況が改善した」などの政府与党の実績のアピールがどのような根拠に基づくのか，その主張だけを鵜呑みにすることなく吟味することができるようになるだろう。

　第2に，マスメディアの自由な活動である。ただ政府が発表した情報を受け取るだけでなく，マスメディアの独自の取材活動が許されていれば政府の主張がどの程度正しいのか，有権者自身にその能力がなくとも，ジャーナリストが有権者に代わって調査することができる。さらに，ジャーナリストが調べた結果がたとえ政府にとって不都合なものであっても，それをそのまま有権者に伝える報道の自由があれば，有権者はより詳しく政府の活動の内容を知ることができ，政府に騙されにくくなるであろう。このような報道のあり方は調査報道と呼ばれ，その例として日本では1974年に当時の田中角栄首相が辞職するきっかけとなった，フリージャーナリストらによる田中金脈問題と呼ばれる金銭的スキャンダルの追及などがある。

　第3に，マスメディアのみならず，政府の活動を監視する市民団体の存在も重要である。こうした市民団体は市民オンブズマン団体と呼ばれ，政府が公開した資料や政府に対する情報公開請求で明らかになった情報を，インターネットで公開するなどして有権者に伝える。例えば，日本ではこうした市民オンブ

ズマン団体は，国や地方の政府による公共事業費など税金の支出の実態を調べ，問題点を指摘するなどの面で活動を行っているし，アメリカではこうした団体は議会において議員が各法案に対して賛成しているのか反対しているのかを調べ，わかりやすくまとめて公開している。これにより，有権者が議員の働きぶりを判断するための材料を提供しているのである。

　最後に，やはり野党の存在が重要である。日本の国会において野党は内閣に対して質問・質疑することで政府の行政活動の実態や政府の見解を明らかにすることを求め，問題があるならそれを追求することで，政府からさまざまな情報を引き出す。その中でもとりわけ野党議員にとって重要なのは，質問主意書と呼ばれる文書による質問である。質問主意書が提出された場合，内閣は7日以内に答弁を行わなければならず，議員ではない一般の有権者が情報公開を求めるよりも確実かつ迅速に情報提供が行われる。こうした野党の活動が存在することにより，政府は有権者に対して政府の活動についてより積極的に情報公開を行い，有権者の利益を実現する動機を持つ。またそもそも野党の存在それ自体が政府にとって不正を行いにくくさせる監視機能を果たす。当然，野党が多くの議席を持つほど，あるいは野党がより高い支持率を持つほど，次の選挙のことを考えて政府与党は有権者に対する応答性を高めることへのより強いプレッシャーを感じるであろう。

参照文献　　　　　　　　　　　　　　　　　　　　　　　　　Reference ●

Alesina, A. and H. Rosenthal 1995, *Partisan Politics, Divided Government, and the Economy*, Cambridge University Press.

Anderson, Christopher J. 2000, "Economic Voting and Political Context: A Comparative Perspective," *Electoral Studies*, 19(2–3): 151–170.

Keech, William R. 2013, *Economic Politics in the United States: The Costs and Risks of Democracy*, 2nd ed., Cambridge University Press.

Nordhaus, William D. 1975, "The Political Business Cycle," *Review of Economic Studies*, 42(2): 169–190.

Rogoff, Kenneth and Anne Sibert 1988, "Elections and Macroeconomic Policy Cycles," *Review of Economic Studies*, 55(1): 1–16.

CHAPTER

第 **8** 章

民意と政策

OVERVIEW

　この章では，民意が政府の作り出す政策に反映されているのかを考える。ある政策について民意に対立がある場合，多数の有権者が望む政策意見を公約として掲げる政党が議席を獲得する。その政党が支持者の意見を議会で代表することで，最終的にその意見が政策に反映される。有権者が明確に意見を持ち，重要性を認識し，かつ政党間の政策意見の違いを知っている政策争点ほど政党にとって選挙で重要になるので，有権者の意見が政策に反映されやすい。

1 はじめに

　代表民主制において，政治家は有権者の声を反映した政治を行うことが期待されている。野党は政府与党を「国民の声を無視している」と批判し，選挙期間中候補者はしきりに「国民の声を国政に届けたい」などと訴える。しかし，「有権者の声を反映した政治」を行うとはいったい何を意味するのであろうか。経済状態を扱った第7章では話は単純であった。基本的に有権者全員が良い経済状態を好んでおり，政府に景気を良くすることを望んでいる。そうすると政府にとって「有権者の声を反映した政治」を行うとは，単にできるだけ景気や経済状態を良くするということを意味する。第7章の129ページで紹介した「入力→出力」の考え方を用いると，有権者による入力が経済投票に基づくので，それに対して政府は経済を良くするための対応，つまり景気対策を実行すれば済んだのである。

　ところが，多くの政策争点では「有権者の声を反映した政治」を実現するのは非常に難しい。というのも，第1章で見たように，その意味が人によって大きく異なるからである。例えば，軍備を増強すべきかどうか，生活保護を拡充すべきかどうか，といった政策争点については有権者の間で常に意見は分かれており，全員が一致して望ましいとする状態はまず考えられないであろう。ある有権者は台頭する近隣諸国に対する抑止力を高めるために防衛費増額に賛成する一方，別の有権者は財政赤字に対する心配から防衛費増額に反対する。またある有権者は低所得者層の生活水準向上のために生活保護の拡充に賛成する一方，別の有権者はたくさん税金を納める高所得者に対する負担増を嫌って生活保護の拡充に反対する。こうした中，政治家がどのような政策を実行しようとも全員にとって「有権者の声を反映した政治」が実現した状態にはならないのである。つまり，入力の内容が有権者ごとに異なるため，政府はどの入力に対応した出力を生み出すかを決めなければならないのである。

　このように有権者の間で意見が分かれる状況下において，それでも政治家は何とかして「有権者の声を反映した政治」を行うことで，選挙での勝利を目指

す必要がある。このことを前提に，どのようにして有権者の政策意見は政治家の行動や政策形成に影響を与えるのであろうか。つまりどういう状況だと民意に対する政府の政策応答性は高まるのだろうか。

この問いに答えるべく，本章では経済政策と安全保障に関連する対外政策を主要な題材として取り上げ，有権者の異なる意見がどのようにして個別の政治家や政党によって代表されるのかを明らかにする。まず実際にどの程度，有権者の意見と選出された政治家や政党の意見が一致しているのか確認する。さらに一致の度合いが高い政策とそうでない政策がなぜ生まれるのかを考える。最後に，有権者の意見の集計としての民意がどのように政策の実行と連動しているのかを確かめる。

 民意と政治家

日本の衆議院議員総選挙の小選挙区では，複数の政治家が1つの議席を争って選挙を戦う。第5章で紹介したように，有権者は自分の望みを政策として実現するために自分と似たような政策意見を持つ政治家に投票する。もし選挙区内の有権者がすべてこの方法で投票先を選ぶのであれば，多くの有権者と近い政策立場を持つ政治家が最も多く票を集めて当選するはずである。

選挙での勝者が決まる過程をもう少し詳しく見てみよう。例として，公共事業予算の増減に関する政策に注目する。有権者は増減について「10% 削減」（−10）から「10% 増加」（＋10）の間で意見を決めるとする。公共事業を大幅に減らすべきだと考えるのであれば−10，少し減らすべきだと考えるのであれば−3，現状維持が望ましいのであれば0，そこそこ増やすべきだと考えるのであれば＋6といった数値（つまり意見）を選ぶ。図 8.1 は，ある選挙区のすべての有権者の意見を−10から＋10に順に並べ，それぞれの意見を持つ有権者の割合を縦軸にとったものである。

まず左の図について見ると，ここでは有権者の意見は「現状維持」(0) の意見が最も多いことがわかる。約 10% の有権者が 0% を選んでいる。そして，現状維持を挟んで左右均等に意見が分布している。つまり，大多数の有権者は

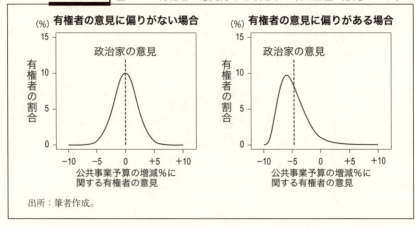

図8.1 有権者の意見分布と政治家の政策位置（仮想データ）

「現状維持」もしくはそれに近い意見を持っており，「10%削減」や「10%増加」といった極端な意見を持っている有権者は非常に少ない。

　選挙では各政治家は公共事業予算の増減についての公約を提示するとしよう。有権者と同様に，ある政治家は−10という意見を持つだろうし，他の政治家は＋5かもしれない。もし有権者の意見が図8.1の左側のように分布しているのであれば，複数の政治家の中で最も多くの有権者の支持を集めるのは，「現状維持」を選んだ政治家である。その立場を取ることで，「現状維持」もしくはそれに近い意見を持つ大多数の有権者の票を両側からまんべんなく集められる。ただし，これでは「10%削減」や「10%増加」といった極端な意見を持っている有権者の票は集められないかもしれないが，そもそもそういう有権者は数が少なく選挙での当選にさほど大きな影響は与えないので無視しても問題はない。

　一方，図8.1の右の図を見ると，ここでは大多数の有権者が現状よりも削減することを望んでおり，有権者の意見の分布は削減の方向に偏っている。この状況下で最も多くの有権者の支持を集めるのは，当然「削減」の公約を提示する政治家である。しかし，ここで注意しなければならないのは，この分布の峰の頂に対応する意見（数値でいうと−6），つまり最も多くの有権者が望ましいと思っている意見を公約として提示する政治家が当選するのではないということである。なぜなら有権者の意見の分布は左右均等ではなく，左に偏っているた

め，分布の峰の頂に対応する意見よりもさらに極端な意見（つまり−10から−6）を持つ有権者の数は，それよりも穏健な主張（つまり−6から+6）を持つ有権者の数よりも少なく，仮にこの分布の峰の頂に対応する意見を主張したとして，それより穏健な意見を持つ有権者の票，特に増加を主張する有権者の票を取りこぼしてしまう可能性があるからである。もし分布の峰の頂に対応する意見よりも若干「増加」寄りの公約を提示する政治家がいると，その意見よりも「増加」側に近い意見を持つ有権者はこの政治家に投票してしまう。そうした有権者の数は先述のとおり自分が位置している，分布の峰の頂に対応する意見から左の有権者の数よりも多いため，この政治家が当選する。

この例から，複数の政治家から1人が選ばれる選挙において，誰が当選するのかということについて法則のようなものが導き出せる。最も多くの有権者が主張している，分布の峰の頂に対応する意見を公約として政治家が当選するのではない。むしろ，有権者の意見によって最も「削減」から最も「増加」へと一列に並べたときの中間の意見，つまりその有権者の意見を境にちょうど意見の分布が半分に分かれる意見を公約として提示した政治家が最も多くの票を集めて当選する。

この公約が，**図8.1**の2つの図で示された「政治家の意見」である。このちょうど中間の意見を持つ有権者を**中位投票者**と呼ぶ。例えば有権者が5人いて，それぞれ順に−8，−4，−1，0，2という意見を持っているとしよう。ここで中位投票者は下から数えて3番目，上から数えて3番目に位置する有権者であり，その意見は−1である。もちろん同じ意見を持つ有権者は通常複数存在するので中位投票者は，この例のように1人だとは限らない。しかし，複数いる場合であったとしても，中位投票者という概念を表す有権者の意見は1つの値で表現することが可能である。

もし選挙区の中位投票者の意見を公約として提示した政治家が当選するというこの法則が正しいのであれば，中位投票者と実際に選ばれた政治家の意見とが一致しているはずである。そこで，有権者の間で意見が分かれる政策分野において，中位投票者と政治家の意見の一致度を確認してみよう。ここでは，さまざまな政策に関して，一般有権者と政治家の両方に対して同じ質問を行っている調査を用いて分析を行う。

2　民意と政治家　● 147

2012 年の衆院選時に実施された調査は，有権者と政治家それぞれに対して次のような質問を尋ねている。

・次に挙げる意見について，あなたは賛成ですか，それとも反対ですか。
(1) 憲法を改正すべきだ（改憲）
(2) 日本の防衛力はもっと強化すべきだ（防御力強化）
(3) 社会福祉など政府のサービスが悪くなっても，お金のかからない小さな政府の方が良い（小さな政府志向）
(4) 公共事業による雇用確保は必要だ（公共事業推進）
(5) 5 年以内の消費税率引き上げはやむをえない（増税推進）
(6) 当面は財政再建のために歳出を抑えるのではなく，景気対策のために財政出動を行うべきだ（財政出動肯定）

この質問に対して，有権者も政治家も，「1. 賛成」「2. どちらかと言えば賛成」「3. どちらとも言えない」「4. どちらかと言えば反対」「5. 反対」の 5 段階で回答している。ここでは，主要な争点として，「改憲」「防衛力強化」「小さな政府志向」「公共事業推進」「増税推進」「財政出動肯定」という政策争点に関する意見を尋ねた質問を取り上げる。まず先に述べたとおり，ある 1 つの選挙区に住む全回答者を回答の数字の順番に並べたときのちょうど中間の回答を，その選挙区の中位投票者の意見として定める。そして，これとその選挙区から実際に当選した政治家の意見とを比較し両者の一致度を測定する。その際，各選挙区の代表的な意見とその選挙区選出の政治家の意見とが離れている度合いが小さいほど，一致度が高いとする。

例えばある選挙区において，中位投票者が公共事業について，「4. どちらかと言えば反対」と答え，政治家が「2. どちらかと言えば賛成」と答えていたとする。このとき，両者の政策位置の一致度は，

$$| 政治家の政策位置 (2) －中位投票者の政策位置 (4)| = |-2| = 2$$

として算出する。ここで重要なことは，「1」以内の差であるとき，中位投票者と選挙区内の政治家の間で賛成と反対の間の境界を越えた意見の大きな違いは生じていない，ということである（なぜなら，「2. どちらかと言えば賛成」と「4.

148 ● CHAPTER 8 民意と政策

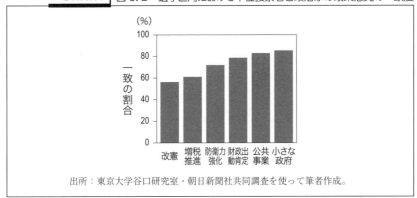

CHART 図8.2　選挙区内における中位投票者と政治家の政策意見の一致度

出所：東京大学谷口研究室・朝日新聞社共同調査を使って筆者作成。

どちらかと言えば反対」の間に，「3. どちらかとも言えない」の選択肢が入っているからである）。他方で，差が「2」以上になるとき，中位投票者と選挙区内の政治家の間には，賛成と反対の境界を越えた意見の違いが生じていることになる。つまり，「1」と「2」の間に，大きな違いがあるのである。また，ある選挙区の代表的な有権者の意見が「4」，政治家の意見も同じく「4」の場合，これら2つの数字の差の絶対値は0であり，両者の意見は完全に一致している。差が0か1の場合に，中位投票者と政治家の意見が一致していると見なす。

このようにして調査に含まれるすべての選挙区について，「改憲」「防衛力強化」「小さな政府志向」「公共事業推進」「増税推進」「財政出動肯定」という6種類の政策分野での，中位投票者と政治家の間の政策意見の一致度を集計したのが図8.2の棒グラフである。これによると一致度が1以下で一致している度合いが高い順番に，「小さな政府志向」（85.28％），「公共事業推進」（83.12％），「財政出動推進」（78.69％），「防衛力強化」（71.98％），「増税推進」（61.21％），「改憲」（56.47％）となっており，6種類の争点の間で一致度に最大約30ポイントもの違いがあることがわかる。つまり中位投票者と政治家の政策意見が一致している度合いは争点によって大きく異なる。

3 政策分野による違い

　では，なぜ政策分野によって一致度が異なるのであろうか。言い換えれば，なぜ政策分野によって政治家が有権者の声を反映する度合いに違いが出るのであろうか。これは，政治家にとって票になる政策争点とそうでない政策争点があるからである。票になる政策争点とは，有権者の投票選択に対して影響を与える争点である。逆に票にならない政策争点とは，有権者の投票選択に対して影響を与えない争点である。つまり政治家は，有権者が重要だと思っている政策争点ほど，自らの政策立場を選挙区の代表的有権者と合わせようとするのである。要するに，上で見た6つの政策領域のうち一致度が高い争点ほど，その選挙において有権者が投票の際に重視した争点と考えられる。

　第5章で紹介した，争点投票の3つの条件を思い出してほしい。有権者が政策争点に基づいて投票先を選ぶのは，①有権者が争点について意見を持つ，②有権者がその争点を重要だと認識する，③有権者が各政党の政策立場を理解している，という条件が満たされたときであった。有権者にとって重要な争点であれば，それは政治家にとっても重要な争点となるのである。

　そこで改めて一致度が高い争点とそうでない争点との違いを検討してみよう。上位3つが「小さな政府志向」「公共事業推進」「財政出動推進」という経済政策，下位3つのうち2つが「防衛力強化」「改憲」という対外政策に分けることができる。ちなみに「増税推進」については，この2012年衆院選では与党・民主党や野党第一党・自民党など主要政党が軒並み消費税増税推進の立場を取ったことから，全般的に増税を嫌う有権者と政治家の政策立場が乖離し一致度が低くなったと思われる。また「改憲」は，日本政治においては通常，戦力不保持・戦争放棄を謳った憲法9条改正を意味することから対外政策についての争点と見なすことができる。果たしてこの結果が示唆するように，実際に有権者は選挙において経済政策争点を対外政策争点よりも考慮して投票しているのであろうか。

　図8.3は，2012年衆院選時の世論調査において，投票の際に最も重視した

150 ● CHAPTER **8** 民意と政策

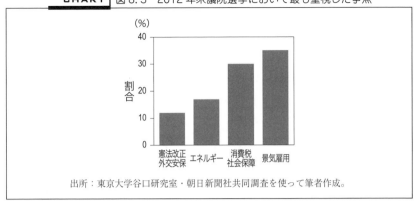

CHART 図 8.3 2012 年衆議院選挙において最も重視した争点

出所：東京大学谷口研究室・朝日新聞社共同調査を使って筆者作成。

政策争点を尋ねた結果である。これによると，2012 年の衆院選においては，過半数の有権者は「景気や雇用」あるいは「消費税や社会保障」という経済に密接に関係する政策に最も関心を持っていたことがわかる。一方，民主党政権下での普天間基地移設をめぐる混乱による日米同盟の不安定化や，尖閣諸島沖での中国漁船と海上保安庁の船との衝突事件をきっかけに深刻化した両国間での領土問題への対応が問題となっていた選挙であったにもかかわらず，「憲法改正や外交・安全保障」を挙げた回答者の割合は 1 割強しかいなかった。このように有権者にとって，経済政策争点は対外政策争点より選挙における重要な関心事であることは明らかであり，それを知っている政治家は経済政策争点において，より有権者の声に耳を傾け自らの意見を選挙区の代表的な有権者の意見に合わせたのだと考えられる。

4 民意と政党

これまで見てきたのは，ある一時点において政治家の意見と有権者の意見とが一致している度合いである。しかし，前節の分析によっては政治家の意見の「変化」が有権者の意見の「変化」に対応しているのかどうかはわからない。果たして政治家は有権者の意見の変化に合わせて，自らの意見も変化させているのであろうか。ここでは，政治家個人のデータは入手が困難であるので，政

治家をその集合体としての政党と置き換え，**政党の政策位置**の変化が有権者の意見の変化に対応しているのかを検証する。つまり，中位投票者が左寄り（よりリベラル）に変化すれば政党も左寄りに動き，中位投票者が右寄り（より保守的）に動くならば党もそのように変わっていくのであろうか。

　中位投票者と政党の政策位置の関係を，日本を含む 25 か国のデータで確かめてみよう。まずは政党の政策位置に関するデータとして，「マニフェスト・プロジェクト」（Manifesto Project）のデータを用いる。マニフェスト・プロジェクトのデータからは，政党の選挙公約における各政策項目への言及の割合を集計することにより，各政党の政策位置としてのイデオロギー位置を定めることができる。このイデオロギー位置は，「0」のときに最も右寄りで，大きくなるにつれ左寄りであることを示すものとして設定する。そしてこの値を利用して，今回の選挙のときのイデオロギー位置の値から，前回の選挙の値を引いたものを，「政党のイデオロギー位置の変化」として定める。例を挙げてみよう。ある政党の政策位置が 1960 年の選挙時点で「10」であったとする。それが次の 1963 年の選挙で「8」になった場合，政党の政策位置の変化値は「8－10＝－2」になる。この「－2」は政党のイデオロギー位置が，2 ポイント分，右寄りに移動したことを意味する。

　政党の政策位置の指標に応じるかたちで，先に紹介した中位投票者の政策位置，つまり有権者集団を左から右へイデオロギーの順に並べたとき，ちょうど中間に位置する有権者のイデオロギー位置の変化を計算する。先ほどの有権者と政治家の関係についての分析では，選挙区内の中位投票者の政策位置を割り出したが，ここでは選挙区単位ではなく，国単位での中位投票者の政策位置を使う。そこで，国際比較が可能なように算出された，キムとフォーディングによる中位投票者のイデオロギー位置の指標を用いる（Kim and Fording 1998）。この指標に基づいて，政党のイデオロギー位置の場合と同様に，今期の選挙のときの値から前期の選挙のときの値を差し引いた指標を準備する。分析に含まれるのは，25 か国，287 の政党であり，分析の対象期間は，長い国の場合で1946 年から 2000 年までの選挙年のものである。

　図 8.4 は，25 か国のデータを使って，中位投票者の政策選好の変化の値を横軸に，政党の政策選好の変化の値を縦軸にとったものである。中位投票者が

152 ● CHAPTER **8** 民意と政策

図8.4 国際比較から見る中位投票者と政党の政策位置の変化の関係

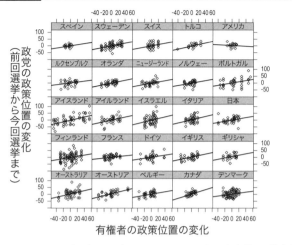

出所：Manifesto Project（MP）および Kim and Fording's（1998）を使って筆者作成。

左寄りに政策位置を変えたときに，政党も同様の方向に政策位置を変えるのだとすれば，両者の関係は右肩上がりの直線に沿うようなものになるはずである。図8.4からは，各国において，そのような傾向がはっきりと見てとれる。アメリカは例外であるが，他の国々においては，有権者が左に寄れば（横軸の値が大きくなれば），どの政党も左寄りに政策位置を移動させている（縦軸の値が大きくなる）ことがわかる。

次に，日本の主要政党と中位投票者の政策位置の関係を見てみよう。図8.5は，日本の中位投票者の政策選好の変化を横軸に，自民党，社会党，共産党，公明党の4党の結果を並べたものである。全体的に，中位投票者が左寄りに移動すれば，政党も左寄りに変化し，逆もまたそうであることが明らかである。もう少し，細かい検討をしておこう。自民党についての結果は，中位投票者が1ポイント左寄りに移動すると，自民党は0.108ポイント程度左寄りに移動することを示している。これは例えば以下のことを意味する。ある選挙のときに中位投票者および自民党も，ほぼ中道である「50」の位置にいたとしよう。このような状態から，次の選挙のときに，中位投票者が10ポイント分左寄りに移動し，中位投票者のイデオロギー位置は「60」となったとする。この中位投票者の移動は，「50＋（0.108×10）＝51.08」の位置へと，自民党をわずかではあ

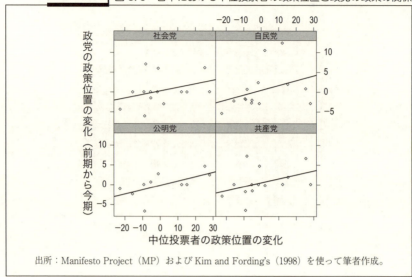

図8.5 日本における中位投票者の政策位置と政党の政策の関係

出所：Manifesto Project（MP）および Kim and Fording's（1998）を使って筆者作成。

るが左寄りに政策を移動させることになる。

5 民意と政策

　以上の分析において，一時点および複数の時点間の政治家／政党の意見と有権者の意見とがある程度一致しているということが見えてきた。しかしいくら両者の意見が一致しているからといって，実際に有権者の意見と一致した政策が実現されているとは限らない。果たして，有権者の望みはどの程度政策として実現されているのであろうか。まずは2014年度の内閣府「国民生活に関する世論調査」のデータをもとに，有権者が政府に対して期待している政策項目とはどのようなものなのかを確かめよう。この調査は，以下の質問文を使って「政府に対する要望」を回答者に尋ねた。

・あなたは，今後，政府はどのようなことに力を入れるべきだと思いますか。この中からいくつでもあげてください。

図 8.6 「政府への要望」の集計

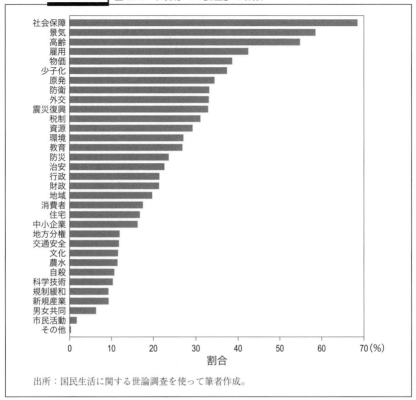

出所：国民生活に関する世論調査を使って筆者作成。

　この問いに対しては，「外交・国際協力」「防衛・安全保障」「行政改革」「地方分権の推進」「財政健全化の推進」「物価対策」「景気対策」など，31項目の選択肢が用意されており，回答者は複数の要望項目を選択することができる。項目ごとに，有権者が「政府が力を入れるべきだ」と回答した割合が報告され，そこから有権者がより多く期待した政策分野を推測する。

　その結果をまとめた図8.6によると，最も多くの割合の有権者が力を入れるべきだとして選んだ項目は，「医療・年金等の社会保障の整備」で68.6%に上る。次に多かった項目は「景気対策」であり，58.7%の有権者が力を入れるべきだと回答している。つまり，有権者は社会保障と景気対策の2項目に最も力を入れてほしいと希望している。一方で，対外政策に関係する項目は概して，多くの有権者が政府に力を入れてほしいと望む項目として挙がっていない。例

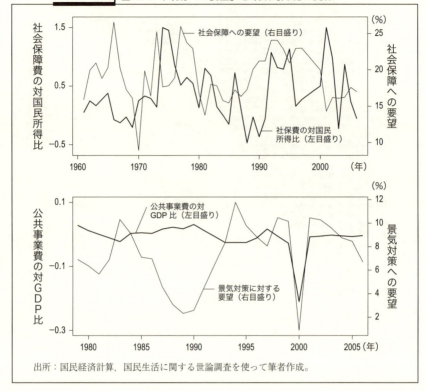

CHART 図 8.7 「政府への要望」と政策的帰結の関係

出所：国民経済計算，国民生活に関する世論調査を使って筆者作成。

えば「防衛」や「外交」の項目はともに 30% 強と，明らかに経済政策分野に比べて対外政策分野は有権者の政府に対する要望としては優先順位が低いことがわかる。

有権者が最も力を入れてほしいと期待する 2 種類の経済政策において，政府はどのように応答しているのだろうか。この内閣府の調査は毎年行われるため，過去にさかのぼって有権者の政府に対する要望がどのように変化し，それに対応して政策が変化してきたのか見ることができる。まずは社会保障費との関係から見ていこう。図 8.7 は，社会保障に最も力を入れてほしいと思っている有権者の割合の変化と，社会保障移転の対国民所得比の増減の関係を，年ごとに示したものである。1970 年代以降の福祉制度改革の時期には，福祉充実への期待から，政府への要望の中で社会保障を重視する有権者の割合が増加している。それに呼応するように，社会保障移転の割合も増えている。その後，福祉

削減を主張する 1980 年代の新自由主義の潮流のもとで，全般的に世論における社会保障への期待も抑えられ，それが支出の低下に反映されているようにも見える。しかしいわゆるバブルが崩壊し経済成長が低い状態が続くようになってからは，所得格差が広がる中で，福祉に対する期待は再び高まり，政府はその要望に対して限られた財源の制約のもとであっても対応しているようである。

　図 8.7 の下の図にある，公共事業費はどうであろうか。景気対策について問う設問は，1978 年から調査の中に含まれているため，社会保障に関する上図に比べると期間は短い。1990 年代の半ばまで，景気対策に対する要望と公共事業費の対 GDP 比の増減はさほど連動していない。そのような中で注目すべき時期は，1990 年代後半からである。景気対策に対する期待が縮小する中で，財源の不足もあいまって，公共事業はいったん縮減のほうに向かっている。しかし再度，景気対策への期待に応じて上昇傾向にある。日本においては，特に 55 年体制下において，公共事業が社会保障の代替機能を担ってきたと言われている。社会保障を下支えしていた時期には，公共事業が一定量行われる必要があったことから，公共事業の増減は世論の影響を受けにくかったのかもしれない。しかしそれが近年になって，より世論に対して敏感に反応するようになっているように見える。

　では，政府に対する要望として，有権者の優先順位の低い対外政策分野についてはどうであろうか。これについては上の分析のように，政策的帰結を数量化し時系列に並べることができないため，同様の分析を行うのは難しい。対外政策分野の政策的帰結を数量化した指標として防衛費が最も適切かもしれないが，日本の場合，憲法 9 条などの制約やアジア諸国との歴史的経緯により，1976 年 11 月に三木内閣によって GDP に占める防衛費の割合を 1% までとする閣議決定が行われて以降，それが撤廃された後でさえも，防衛費はほぼ GDP 比 1% で推移しておりほとんど変化していない。つまり，日本では防衛に政府が力を入れるべきと思う有権者が増えたところで，防衛費が増えるといったことがこれまでのところ見られない。しかし，ハートレイとラセットは，そのような制約がないアメリカでは，1965 年から 1990 年にかけての冷戦期において，「軍事支出が少なすぎる」との世論の変化に応じて実際に軍事支出が変化していたことを示している（Hartley and Russett 1992）。

5　民意と政策　● 157

民意に対する政府の応答性が高まる条件

　最後にこの章におけるこれまでの分析を踏まえて，いったいどのような条件下で政策応答性が高まるのかについて考えたい。まず冒頭で述べたとおり，より多くの有権者と政策位置が近い政治家ほど当選すると考えられる。よって，政治家は選挙での得票を増やすために，有権者が前回の選挙で求めたとおりの実績を残そうと努力したり，有権者の意に沿った主張を行ったりする。つまり応答性を高めようとする。ただし，政治家はすべての政策領域でこれを行うのではなく，選挙において有権者がよりそれに基づいて投票先を決める争点，言い換えれば「票になる」争点ほど，政治家は有権者への応答性を高める動機を持つ。

　これらからわかるとおり政治家が有権者に対して高い応答性を示すようになる条件は第 1 に，より多くの政策領域について有権者が，第 5 章で述べた争点投票を行うことである。つまり有権者が多くの政治的争点について賛成であれ，中立であれ，反対であれ自らの意見を持ち，その重要性を認識し，かつ政党や政治家の政策位置を知っている場合に，政治家はその争点について応答性を高めようとする。したがってこうした争点が多ければ多いほど，全体として政治家の応答性が高まるであろう。反対に，有権者がそもそも自分の意見をいかなる争点についても持たなかったり，重要だと思っていなかったり，政治家の違いがわからなければ，政治家は有権者の意に背いたとしても罰を受けたり，落選させられたりすることはなく，安心して有権者の意見を無視できる。

　さらに第 2 の条件として，やはりここでも第 7 章で述べた政治家と有権者の情報の非対称性が克服される必要がある。すなわち，いくら有権者が政治に関心を持ち，多くの争点について重要性を見出し，政治家の実績や発言を知っていようとも，その受け取った情報が本当に正しいかどうか判断する術がないのであれば，実際の応答性が低くても政治家は選挙において，何とでも取り繕うことができる。例えば，福祉の充実を望む有権者を前に，選挙において多くの政治家は自分がどれだけ福祉に取り組み実績を上げたのか，アピールを行うで

あろう。しかし，有権者はほとんどの場合，誰がどの程度福祉の充実に貢献を行ったのか確かめる術を持たない。仮に特定の候補者が最も福祉の充実に貢献したと思ったとしても，それが正しいという保証はなく，常に騙されている可能性がある。もしそうなら，政治家は誠実に有権者の意向を実現しようとはしないであろう。こうした情報の非対称性が克服される可能性についてはすでに第7章で述べたとおりである。マスメディア，市民団体，そして何より強力な野党の存在による激しい政党間の競争は，有権者により正確な情報を手に入れやすい環境を与えるであろう。

　ただし本章が対象としたような，意見が対立する政策争点の場合，特定の立場を取るマスメディア，市民団体，政党が複数存在するため，さまざまな情報が入り乱れ正確な情報の取得がより困難になる。また与党や野党の利益とは必ずしも一致しない独自の利益を政治に見出す業界団体，労働組合，宗教団体といった利益団体と呼ばれる集団が，有権者に特定の情報を与えることで，間接的に選挙結果を左右し自らの政治的な目的を達成しようとする。このように選挙は政治家の有権者に対する応答性を高める重要な機能を持つ一方，そうであるからこそかえって，自らの利益を実現したい政党，マスメディア，利益団体などが情報を通じて有権者に影響を与えようとし，政治家の有権者に対する応答性の確保が困難になるのである。

参照文献   **Reference ●**

Hartley, Thomas and Bruce Russett 1992, "Public Opinion and the Common Defense: Who Governs Military Spending in the United States?" *American Political Science Review*, 86(4): 905-915.

Kim, Heemin and Richard C. Fording 1998, "Voter Ideology in Western Democracies, 1946-1989," *European Journal of Political Research*, 33(1): 73-97.

CHAPTER

第 **9** 章

選挙制度の影響

OVERVIEW

　この章では，有権者に対する政府の政策応答性の度合いが選挙制度によってどのように異なるのかを明らかにする。定数１の小選挙区制は多数派の意見のみを議会に代表させようとする選挙制度であるのに対し，複数定数の大選挙区制・比例代表制は多数派だけでなく少数派の意見も代表させようとする選挙制度である。また，前者のほうが後者に比べて特定の候補者に票が集まりやすく，それを知っている政党も候補者の数を減らすので，当選する議員の意見の多様性は小さくなる。

1 はじめに

　第7章と第8章では有権者の意見や行動がどのように政治家や政党の意見に反映され，政策として実施されるのかを見てきた。つまり，人々のさまざまな意見が政府を通じて1つの政策へと変換される過程を見てきた。有権者に対する政府の応答性を確保する上で最も重要なのが，政治家が有権者を裏切れば有権者に罰せられると認識することであった。政治家は選挙の際に掲げた公約を実行しないと有権者から「罰」を受け，次の選挙で落選してしまうと認識するからこそ，有権者の声に耳を傾けそれを実行しようとする動機を持つのである。

　ただ，ひとくちに選挙といっても，さまざまな制度上の違いが存在する。例えば日本では1993年の衆議院議員総選挙までは中選挙区制，1996年の衆院選からは小選挙区比例代表並立制という制度が用いられてきた。本書ではこれまでこうした選挙制度の違いをほとんど考慮せずに議論を展開してきた。しかし，選挙制度は有権者の多様な意見が政府を通じて1つの政策へと変換される過程に大きな影響を及ぼす。選挙はまさに有権者の意見を集約するルールそのものであり，異なる選挙制度のもとでは，有権者が同じことを望んでも選挙結果や実現される政策が異なることが起こりうる。第7章の129ページで紹介した「入力→出力」の考え方を用いると，同じ入力内容が与えられても選挙制度によって出力としての政策が異なる可能性がある。

2 選挙制度による結果の違い

　例えば，**表9.1**の左は2000年代半ばに行われた，関西地方のある市長選挙の実際の結果を大まかに示したものである。この選挙では，革新系政党が推薦した候補者A，保守系政党が推薦した候補者B，保守系無所属の候補者Cの3者が争った結果，革新系政党が推薦した候補者であるAが勝利を収めた。この選挙が行われる前に，CはBと保守系政党の推薦をめぐって争い敗北した

CHART	表9.1　ある市長選挙の結果と有権者の推測される選好				
候補者		得票数	有権者	人数	推測される選好
候補者A（革新系政党推薦）		6万票	Aに投票した者	6万人	A＞C＞B
候補者B（保守系政党推薦）		5万票	Bに投票した者	5万人	B＞C＞A
候補者C（保守系無所属）		4万票	Cに投票した者	4万人	C＞B＞A

にもかかわらず，立候補を強行した。その結果，保守的な候補者を支持する有権者の票がBとCに分裂してしまい，Aが「漁夫の利」を得たのである。

　表9.1の右はこの選挙結果から推測される，有権者の候補者3人に対する支持の度合いの順位づけ，すなわち選好を示したものである。候補者Aに投票した有権者は6万人いるが，これらの有権者は当然Aを最も好んでいるとして，次にBかCかと言えば，より保守政党色の弱いCを好むだろう。候補者Bに投票した有権者5万人にとって，Bの次に好ましいのは同じ保守系のCであろう。同様に，候補者Cに投票した有権者4万人にとってもCの次に好ましいのはBであろう。

　ここで注目すべきは，この表9.1によると，当選したAは過半数の有権者によって最も低く評価されているということである。Aを最も嫌いつつ，BあるいはCに投票した有権者はそれぞれ5万人と4万人ずついる。この人数を合計すると9万人となり，Aに投票した6万人を上回る。それにもかかわらず，選挙結果を見ると1位A，2位B，3位Cとなっているのである。もちろん何が「正しく」民意を反映した選挙結果かについては，議論の余地があるだろうが，この状況で少なくとも有権者の過半数が最も支持しない候補者が当選したのは問題と言える。これはひとえに有権者1人1票のもと，最も多く得票した候補者が当選するという相対多数決による制度でこの選挙が行われたことが原因である。

　仮にもし相対多数決による選挙制度ではなく，各有権者が最も好ましい候補者に3点，次に好ましい候補者に2点，最も好ましくない候補者に1点をそれぞれ与え，総得点が最も高い候補者を当選者とするという選挙制度（これを**ボルダ集計**という）のもとで選挙が行われた場合どうなっていただろうか。この選挙制度のもとなら，当選するのはAではなく相対多数決では一番少ない票

しか得ることのできなかったCである。なぜなら，Aは6万人から3点と9万人から1点を得て合計27万点，Bは5万人から3点と4万人から2点，6万人から1点を得るので合計29万点，Cは4万人から3点と11万人から2点を得るので合計34万点という結果となるからである。つまり，選挙の結果，社会全体で好ましい順番として，1位C，2位B，3位Aという結果が得られる。

また仮にもし得票数上位1人が当選するのではなく，上位2人が当選する選挙制度だった場合には何が起こるだろう。この場合，候補者Bも当選することになるので，候補者Aを支持した相対的多数派の有権者の意思だけでなく，候補者Bに投票した少数派の有権者の意思も完全に無視されることなく政治の場に代表される。

以上の例が描き出すのは，同じ有権者の選好の分布が与えられたとしても，選挙制度によってどの候補者が当選するかが大きく変わるということである。選挙制度は有権者個人のさまざまな順位づけを集計し，社会全体における1つの順位づけへと変換するルールである。そして選挙制度の違いが，候補者の得票数と選挙での当落の関係，政党の得票率と議席率の差などに大きな影響を与える。これを選挙制度の機械的効果という（Duverger 1954）。

ただし選挙制度は選挙結果に対して機械的効果を持つだけでなく，選挙というゲームの「ルール」として，ゲームの「プレイヤー」である有権者および政党・候補者の行動への影響を通じて，候補者や政党の得票数／率に効果を及ぼす。これを選挙制度の心理的効果という。以下では，主に後者の観点から選挙制度が有権者の投票行動にどのような影響を与えるか考察し，そうした投票行動の違いがもたらす結果の違いについてのいくつかの予測を導く。そして，その考察を実際の選挙制度に当てはめ，予測どおりのことが起きているかを調べ，その意味について考える。

選挙区定数と有権者

選挙制度が有権者の投票選択に与える影響を考えるとき，最も重要なのは各

選挙区から何人が当選するかという選挙区定数である。仮に，1人の候補者が当選する定数1の選挙区に自分が住んでいたとして，自分が支持する候補者はどう考えても勝ち目がないとしよう。その場合，考えられる選択肢の1つは，そもそも選挙に行かない，つまり棄権することである。自分が投票したところで，支持する候補者が当選する見込みがないということは，自らが望む政策が実現される可能性が少ないということであり，その選挙で投票しても得をしない，つまり投票の利益が少ないということである。第4章で述べたとおり，投票の利益が少ない場合，有権者にとって投票のコストが利益を上回るのでこの有権者は投票しない可能性が高くなる。

　一方，もう1つの選択肢は，少しでも勝ち目のある「次善の候補者」に投票することである。つまり，自分にとって最も好ましい候補者は当選できる可能性がなくとも，自分が2番目に好む候補者なら当選できるかもしれない。この場合，有権者にとって少なくとも投票する利益があるということになり，この有権者は次善の候補者に投票する可能性がある。このように，単純に自分が支持する候補者に投票するのではなく，各候補者がその選挙区で当選する可能性を考慮に入れて投票先を決める有権者の行動を，**戦略投票**という。この有権者の戦略投票の存在こそが政党や候補者の行動，そして最終的に選挙結果や政策に影響を与える。つまり，選挙区定数は有権者が戦略投票を行う可能性に影響を及ぼすことで候補者の得票数に違いをもたらし，間接的に誰が当選するのかを決めるのである。

　では反対に選挙区定数が大きくなると，有権者の行動はどのように変化するのだろうか。まず選挙区定数が大きいほど，自分が支持する候補者が当選する可能性が高くなり，棄権する可能性が低くなると考えられる。例えば自分が支持する候補者が選挙区内で3番人気だとしよう。ここでもし1番多くの票を得た候補者だけが当選する定数1の選挙区なら，自分の支持する候補者が当選する確率がほとんどないことは明らかである。したがって自分の利益を代表する候補者が選ばれる可能性は自分が投票しようとしまいと変わらないと考え，棄権するかもしれない。だがもし得票数順に上位2人の候補者が当選する定数2の選挙区ならどうであろうか。もちろん自分が支持する候補者がトップ当選することは依然として考えられない。しかし定数2なら，当選するために必ずし

もトップ当選する必要はなく，2位に入ればよい。それならば自分が支持する3番人気の候補者でも可能性があるのではないか，と考えその有権者は投票するかもしれない。このように選挙区定数が大きいほど，2番手以下の候補者を支持する有権者にとっても同様の状況が現れやすくなり，小さい選挙区定数では棄権していたかもしれない有権者でも投票するようになるであろう。

　また，選挙区定数が大きいほど，自分が支持する候補者が当選する可能性が高くなり，戦略投票を行う可能性が低くなると考えられる。上で述べたとおり，定数1の選挙区なら，自分が支持する3番人気の候補者が当選する可能性がほとんどない。したがって自分の利益が少しでも代表される次善の候補者を当選する可能性の高い1番人気，2番人気のいずれかの候補者の中から見つけ戦略的に投票するかもしれない。しかし，もし定数2の選挙区ならどうであろうか。もちろん自分が支持する候補者がトップ当選することは依然として考えられない。しかし定数2ならば自分が支持する3番人気の候補者でも可能性があるのではないかと考え，有権者は正直に自分が支持する候補者に投票するかもしれない。よって，小さい選挙区定数では戦略的に勝つ可能性のある次善の候補者に投票していたかもしれない有権者でも，選挙区定数が大きくなると正直に自分が支持する候補者に投票する可能性が高まる。

　以上のような選挙区定数と有権者の投票選択の関係は，選挙結果について次の2つの予測をもたらす。第1に，選挙区の定数が小さいほど，棄権する有権者が多くなり投票率が下がると考えられる。第2に，選挙区定数が小さいほど，有権者の戦略投票が起きやすく，特定の有力な候補者に票が集まりやすくなり，これらの候補者が大きな得票率を占めるようになると考えられる。

　投票率が下がるということは，それだけ政治家が注意を向ける選挙区内の有権者の割合が減るということである。例えば選挙区定数が小さくなると，少数派の有権者の意見が選挙の段階で最初から切り捨てられてしまう。というのも少数派の有権者は自分たちが支持する候補者に勝ち目がないと判断し棄権を選ぶので，政治家はそのような有権者の意見を政策として実現する強い動機を持たないからである。また，有権者の戦略投票によって大政党に票が集まることで，余計に少数派の有権者が支持する政党の議席獲得が困難になってしまう。さらに有権者の戦略投票を予期した政党は，選挙区定数が小さく最初から勝ち

3　選挙区定数と有権者　● 165

目のない選挙にはそもそも候補者を立てないかもしれない。そうなれば，少数派の有権者にとって選択肢が最初から存在しないことになる。これらのことから，選挙区定数が小さいと，政治家によって議会に代表される有権者の意見の多様性は小さくなると予測される。

以上をまとめると，ここまでの説明から次の4つの予測が導かれる。

1. 選挙区定数が小さいほど，投票率が下がる。
2. 選挙区定数が小さいほど，特定の政党・候補者に票が集まる。
3. 選挙区定数が小さいほど，候補者の数が少なくなる。
4. 結果として選挙区定数が小さいほど，政治家によって議会に代表される意見の多様性は小さくなる。

以下の節では，これらの4つの予測がどのくらい現実に当てはまるのかを確認するために，現実の選挙制度の違いが投票率や投票選択に与える影響を見てみよう。

4 選挙制度の類型

予測の妥当性を調べる前に，実際に世界や日本で使用されている選挙制度についてここで簡単にまとめておく。現代の選挙制度は大きく分けて2つの異なる理念に基づいて設計されている。その理念の違いは，多数派と少数派の意見をどのように政策に反映させるかにある。**多数代表**は社会における多数派の意見を優先して代表させることを重視する理念である。この理念に基づく選挙制度が，各選挙区の定数が1で得票数が最も多い候補者だけを当選させる**小選挙区制**である。

一方で**比例代表**は社会における多数派の意見だけでなく少数派の意見も代表させることを重視する理念である。この理念に基づく選挙制度が，各選挙区の定数が複数で得票数が最も多い候補者以外も当選させる**大選挙区制**および，各政党が獲得した票数の割合に応じて議席が割り当てられる**比例代表制**である。

166 ● CHAPTER **9** 選挙制度の影響

| CHART | 表 9.2　選挙制度の分類 | |

多数代表の理念	比例代表の理念	
小選挙区制	大（中）選挙区制	比例代表制
・選挙区定数：1 ・有権者は1人1票を候補者に投じる。	・選挙区定数：複数 ・原則，有権者は1人1票を候補者に投じる。	・選挙区定数：複数 ・原則，有権者は1人1票を政党に投じる。

　例えば日本の場合，総定数が 475 の衆院選では約 5 分の 3 の 295 議席が小選挙区制によって決められている。一方，議席数が 242 の参議院議員選挙では約 35% の 84 議席（都道府県選挙区から小選挙区分を除いた数，2016 年選挙からは 82 議席）が，また市議会議員選挙や県議会議員選挙など地方選挙ではすべての議席が，複数の定数を持つ選挙区において有権者が 1 人 1 票を候補者に投じる大選挙区制によって選ばれている。ただしそのうち，2 から 6 の選挙区定数を持つ選挙制度を，日本独自の用語法として**中選挙区制**と呼ぶ。

　また，日本の国政選挙でも使用されている比例代表制は，政党を中心とした選挙制度である。有権者は政党名，あるいは各政党の候補者名簿に示された候補者名で投票を行い，各党にはその得票数に比例して議席が配分される。例えば，2013 年 7 月の参議院議員通常選挙では，各党の得票数に応じて，48 の改選議席のうち 18 議席が自民党，7 議席がそれぞれ公明党と民主党，6 議席が日本維新の会，5 議席が共産党，4 議席がみんなの党，1 議席が社民党に配分された。**表 9.2** は選挙制度の分類を簡単にまとめたものである。

⑤　選挙制度と投票率

　さてこのような実際の選挙制度のもとで行われた選挙の結果に，4 つの予測はどの程度当てはまるのであろうか。まず，「選挙区定数が小さいほど，投票率が下がる」という予測は，これまでの実証研究では概ね支持されている。例えばブレイスとカーティは，20 か国の民主主義国の選挙の投票率を分析し，投票率に影響を与えうるさまざまな他の要因を考慮してもなお，選挙区定数が 1 の小選挙区制のもとで行われた選挙は，選挙区定数が複数の比例代表制のも

CHART | 表9.3　衆院選制度改革前後5回の選挙における投票率の平均値の差

衆院選（年）	1980	1983	1986	1990	1993	1996	2000	2003	2005	2009	
投票率（%）	74.6	67.9	71.4	73.3	67.3	59.7	62.5	59.9	67.5	69.3	平均値の差
	平均値＝70.9					平均値＝63.8					−7.1
参院選（年）	1983	1986	1989	1992	1995	1998	2001	2004	2007	2010	
投票率（%）	57.0	71.4	65.0	50.7	44.5	58.8	56.4	56.6	58.6	57.9	平均値の差
	平均値＝57.7					平均値＝57.7					0

出所：明るい選挙推進協会調査を使って筆者作成。

とで行われた選挙よりも投票率が平均して7.4ポイント低いことを示した
（Blais and Carty 1990）。

　日本の衆院選では長年にわたって複数定数の中選挙区制が用いられてきたが，
1996年の選挙より選挙区定数1の小選挙区制を中心とする小選挙区比例代表
並立制が導入された。もし選挙区定数が小さくなることが投票率の低下を招く
のであれば，1996年以後の衆院選の投票率はそれ以前の選挙の投票率よりも
低くなるはずである。これを確認するために，制度改革前後5回の衆院選にお
ける投票率の平均値の差を示したものが，**表9.3**上段である。これによると，
1980年から1993年までの5回の衆院選の投票率の平均値は70.9であるのに対
し，小選挙区制導入以降の1996年から2009年までの5回の衆院選の投票率の
平均値は63.8と，その差は−7.1となっている。つまり小選挙区制導入以降，
衆院選の投票率は低下していることが示唆される。

　ただしこれはたまたま1980年から2010年にかけて，無党派層の増大，政治
不信の増大など選挙制度とは関係のない要因で投票率が下降していることを示
しているだけかもしれない。その可能性を考慮するために，**表9.3**下段では，
1996年を挟む2つの期間に含まれる，それぞれ5回の参院選における投票率
の平均値を比較したものである。もし衆院選における投票率が小選挙区制導入
とは無関係の理由で下降しているのであれば，参院選の投票率においても同様
に2つの期間の選挙の投票率の平均値に違いが出るはずである。しかし**表9.3**
によると，1983年から1995年の5回の参院選の投票率の平均値は57.7%，
1998年から2010年の5回の参院選の投票率の平均値も（偶然にも）同じく
57.7%とこの2つの期間で差はない。よって，1996年の前後の2つの期間に

168 ● CHAPTER 9　選挙制度の影響

おける衆院選の投票率の低下は小選挙区制導入によりもたらされた可能性が高い。ただし，これらについてはっきりと結論づけるためには，他の要因も考慮したより厳密な分析が必要である。

選挙制度と政党数・候補者数

　次に，「選挙区定数が小さいほど，特定の政党・候補者に票が集まる」という予測についてはどうであろうか。先にも述べたとおり，定数1の小選挙区制のもとでは，人気のない政党の候補者を支持する有権者による戦略投票の結果，1番人気や2番人気の候補者に票が集まることがある。またそうした有権者の投票行動を知った不人気の政党が候補者を立てなくなる。これが実際に起きているかを確認するには，選挙ごとに**有効政党数**を計算することが有用である。選挙における有効政党数とは，n を選挙で議席を得た政党の数，p_i を任意の政党 i の得票率としたとき，$\mathrm{ENP} = 1/\sum_{i=1}^{n} p_i^2$ という式に与えられる数字である。簡単に言うと，その選挙でどの程度特定の政党に票が集まっているのかを表す。例えば選挙においてすべての票が1つの政党に投じられた場合，この数字は最小値をとり，$\mathrm{ENP} = 1/1^2 = 1$ となる。一方で，1つの政党が得票率50％，2つの政党がそれぞれ得票率25％である場合，この数字は $\mathrm{ENP} = 1/(0.5^2 + 0.25^2 + 0.25^2) \fallingdotseq 2.7$ となる。

　表9.4は，小選挙区制が導入された1996年の衆院選から2009年の衆院選までの有効政党数を，小選挙区得票率をもとに計算したものである。これによると，小選挙区制が導入される前の1993年衆院選では自民党の分裂という特殊な事情もあり有効政党数は5.16と非常に高い数字を示していたが，小選挙区

CHART 表9.4　選挙制度改革前後の衆院選における有効政党数の推移

衆院選（年）	1993	1996	2000	2003	2005	2009	2012	2014
有効政党数	5.16	3.88	3.78	2.97	2.71	2.64	3.81	3.25

出所：小選挙区選挙結果から筆者が計算。

CHART 表 9.5　選挙制度改革後の衆院選における選挙区立候補者数の推移

衆院選（年）	1996	2000	2003	2005	2009	2012	2014
小選挙区候補者数	1261	1199	1026	989	1139	1294	959

出所：2005 年までは Maeda（2008），Table 1．2009 年以降は総務省衆院選選挙結果調を使って筆者作成．

が導入された1996年の衆院選では一気に3.88まで下がり，その後，回を経るごとに減少し，2009年衆院選では2.64となっている．つまり，小選挙区制が導入されて以降，有権者の票は特定の政党に集まるようになり，選挙においてまともに競争に加わることのできる政党の数が減少しているということである（ただし2012年，2014年の衆議院では維新の会や共産党の躍進により，有効政党数は2009年と比べて多くなっている）．

さらにこれに関連して，「選挙区定数が小さいほど，候補者の数が少なくなる」との第3の予測を検証する．**表9.5**は，小選挙区制導入後の衆院選における小選挙区における立候補者数の推移を表したものである．これによると，小選挙区制が導入された1996年には小選挙区の立候補者数が1261人だったのが，その後，回を経るごとに減少し，2005年には989人になった．政権交代の気運が高まった2009年と2012年には増加しているが，2014年には959人に減っている．つまり，小選挙区制は最初から勝ち目のない政党に無駄な立候補を思い止まらせる効果を持っており，その分小選挙区では有権者にとって選挙における選択肢の幅が狭まっていると言える．実際，1996年衆院選から2003年までの3回の選挙ではすべての小選挙区に候補者を擁立していた共産党も，2005年，2009年の衆院選では多くの選挙区で候補者擁立を断念しており，その選挙区の共産党支持者は自分が支持する政党に投票することができなかった．

7　選挙制度と意見の多様性

最後に上で見た，選挙区定数が小さくなることにより，投票率が下がり，選挙をまともに戦うことのできる政党の数が減少し，立候補者の数が減少する，ということの結果として，「政治家によって議会に代表される意見の多様性は

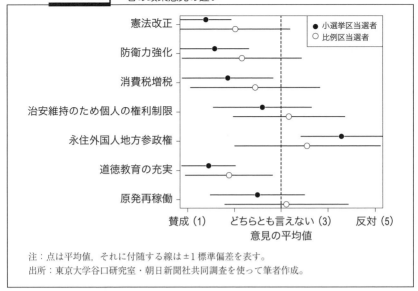

図 9.1 2012 年衆院選における小選挙区当選者と比例区当選者の政策意見の違い

注:点は平均値,それに付随する線は±1標準偏差を表す。
出所:東京大学谷口研究室・朝日新聞社共同調査を使って筆者作成。

小さくなる」との予測を確かめる。もしこの予測が正しければ,同じ選挙で選ばれた議員たちでも,選挙区定数が1の小選挙区から選ばれた議員と,選挙区定数が複数の比例区から選ばれた議員では意見に何らかの差が生じるだろう。特に小選挙区から選ばれた議員の意見の多様性は小さくなるはずである。

ここでは 2012 年衆院選候補者調査データを用いて,小選挙区当選者と比例区当選者の政策意見の違いを調べた。この調査ではさまざまな政策争点について,各候補者に「賛成」「どちらかと言えば賛成」「どちらとも言えない」「どちらかと言えば反対」「反対」の5段階で回答が求められており,各争点についての回答を賛成の「1」から反対の「5」まで点数で置き換えた。そして小選挙区当選者と比例区当選者について平均値を求めて,それらを図 9.1 の黒い点と白い点として示した。

これによると例えば,憲法改正の賛否について賛成の「1」から反対の「5」の範囲のうち,定数1の小選挙区で当選した議員の平均値は 1.3 とかなり賛成寄りなのに対し,選挙区定数が複数の比例区で当選した議員の平均値は 1.91 と賛成の度合いが小さい。また,それぞれの点の両側に伸びる線は,データから推測された,小選挙区,比例区のそれぞれから当選した議員のうち約3分の

2の意見が含まれる範囲を表している。例えば，原発再稼働の賛否について，小選挙区当選者の意見の3分の2は，およそ1.5から3.5の間に含まれるのに対し，比例区当選者の意見の3分の2は，およそ1.8から4.5の間に含まれることが，**図9.1**から読み取れる。

　この図について特筆すべきは，まず小選挙区当選者の意見の平均値のほうが比例区当選者の意見の平均値と比べていずれの争点についても，中間の「どちらとも言えない」を表す「3」の値よりも「賛成」か「反対」のどちらかに偏っているということである。より詳しく見ると，小選挙区当選者の意見の平均値は「憲法改正」「防衛力強化」「消費税増税」「道徳教育」の争点において，比例区当選者の意見の平均値より「賛成」側に振れている一方，「永住外国人地方参政権」の争点では「反対」側に振れている。つまり，小選挙区当選者の意見の平均値は，比例区当選者の意見の平均値に比べてどちらの方向にせよ，より極端なものとなっている。

　また，小選挙区当選者の意見の3分の2が含まれる範囲を表す線が，「憲法改正」「防衛力強化」「消費税増税」「永住外国人地方参政権」「道徳教育の充実」の争点では，中間の「どちらとも言えない」を表す図中横軸の「3」の値をまたいでいないことがわかる。これは小選挙区で当選した議員のうち中心的な3分の2の議員の意見の中に，「賛成」と「反対」の両方の意見が含まれていない，言い換えれば，「賛成」「反対」のどちらかの意見しか含まれていない，ということを意味する。一方で，比例区当選者の意見の3分の2が含まれる範囲を表す線は，「道徳教育の充実」の争点を除くすべての争点で，中間の「どちらとも言えない」を表す3の値をまたいでいる。これは比例区で当選した議員のうち中心的な3分の2の議員の意見の中に，「賛成」と「反対」の両方の意見が含まれているということである。つまり多くの争点で比例区当選者の意見の平均値は「賛成」「反対」のどちらかに偏っているとはいえ，それでも意見の多様性は十分に大きく，中心的な3分の2の議員の意見の中には平均値が属する側とは反対側の意見も含まれているのである。しかも，すべての争点において，当選した議員のうち中心的な3分の2の議員の意見が含まれる範囲は，小選挙区当選者よりも比例区当選者のほうが広い（線が長い）。

　これらのことから，同じ選挙において当選した議員でも，小選挙区で選ばれ

るか比例区で選ばれるかによって，平均的な意見や，意見の多様性に大きな違いがあることがわかる。2012年の選挙について言えば，定数1の小選挙区での当選者には選挙時に最も優勢で得票数が最も多かった自民党の議員が圧倒的に多く含まれるため，全体的に意見が保守寄りになっていたのに対し，複数の定数を持つ比例区での当選者には一番得票数が多かった自民党だけでなくそれに続く他の政党の議員も多く含まれるため，全体として保守的な意見とリベラルな意見とが打ち消し合ってより穏健な意見となっている。また同時に，小選挙区よりも比例区のほうが，当選議員の意見の多様性も保守からリベラルまでより大きくなっている。

　これはもちろん冒頭で述べた，小選挙区では2位以下の候補者を支持した有権者の意見は切り捨てられ，全く代表されないという選挙制度の機械的効果による部分がかなり大きいと思われる。しかし，小選挙区制下の有権者の戦略投票，およびそれを見込んでの政党による候補者の絞りこみという選挙制度の心理的効果も原因の1つであることは確かである。いずれにせよ，この結果を見る限り，「選挙区定数が小さいほど，政治家によって議会に代表される意見の多様性は小さくなる」との第4の予測は妥当性は高いと言えるだろう。

 選挙制度と民意の集約

　さて以上の議論を踏まえて，みなさんは小選挙区制と大選挙区制・比例代表制という選挙制度についてどのような感想を抱いたであろうか。一見，比例代表制のほうが小選挙区よりも，大多数の有権者の意見と乖離した極端な意見だけを代表することなく，より広範な民意を議会に代表することができるという意味で「良い」選挙制度であると思えたかもしれない。しかし，結局小選挙区制と比例代表制の違いは，実はどのように議会に民意を反映するかではなく，どの時点で民意を集約するかの違いにすぎないと考えることもできる。つまり，最終的にはいずれにせよ投票により社会の多様な意見を集約して政府が1つの政策として実施することを考えれば，小選挙区制は有権者レベルの投票でその意見集約を行っている一方で，大選挙区制・比例代表制は有権者レベルの投票

では「先送り」し，議会レベルでの投票で意見集約を行っていると言える。

　もしそうならば，実は大選挙区制・比例代表制は有権者の決定権を尊重せずに，決定を議会における政治家間の利害の駆け引きに委ねてしまう「悪い」制度，とも言える。また大選挙区制・比例代表制は，議会にさまざまな意見が代表される代わりに，議会において政党間で政策をめぐって激しい議論が行われるため，政党間の意見集約，政策決定に時間がかかる。政策決定の責任帰属もはっきりしない。これは問題先送りのいわゆる「決められない政治」や，目まぐるしく変化する社会情勢，国際情勢に迅速に対応できない政治の機能不全の原因にもなるばかりか，有権者が政党に対してうまく「罰」を与えられないという意味で代表民主制の根幹にも関わる問題にもなる。その点，小選挙区制下ではすでに意見集約が有権者レベルで済んでいるため，議会レベルでは迅速な政策決定が可能となるし，実際に政策が実施されたあかつきにはそれが誰によって決定されたのか責任帰属が明確になる。本章で示した**図9.1**の結果はまさにそうした，政策争点の賛否がすでにはっきりしている小選挙区制下の議会と，いまだはっきりしていない比例代表制下の議会の違いを浮き彫りにしていると言えるだろう。

参照文献　　　　　　　　　　　　　　　　　　　　　　Reference ●

Blais, André and R. K. Carty 1990, "Does Proportional Representation Foster Voter Turnout?" *European Journal of Political Research*, 18(2): 167–181.

Duverger, Maurice 1954, *Political Parties: Their Organization and Activity in the Modern State*, Wiley.

Maeda, Ko 2008, "Re-Examining the Contamination Effect of Japan's Mixed Electoral System Using the Treatment-Effects Model," *Electoral Studies*, 27(4): 723–731.

Column❹　選挙権の拡大と若者の投票率

　国政選挙や地方選挙において投票できる年齢を定めた公職選挙法が 2015 年に改正され，選挙権年齢が 20 歳以上から 18 歳以上に引き下げられた。2016 年以降の衆議院議員総選挙，都道府県知事選挙などすべての国政・地方選挙では満 18 歳以上で日本国籍を持つ人々が選挙権を持つことになる。第 4 章で紹介したように，日本で最初の衆院選では 25 歳以上で国税を 15 円以上納めている男性のみが選挙権を持っていた。この後，1925 年には 25 歳以上男子に，そして 1945 年には 20 歳以上のすべての男女に選挙権が拡張された。そして 2015 年に，投票年齢が 18 歳に引き下げられたのである。

　選挙権年齢の引き下げは世界的な趨勢である。ダルトンとグレイによると，OECD18 か国のほとんどが 1960 年には選挙権年齢を 21 歳と設定していたが，1999 年までに日本以外の 17 か国で 18 歳かそれ以下に引き下げられた（Dalton and Gray 2003）。例えばドイツでは 1970 年，アメリカでは 1971 年，イギリスでは 1969 年，ドイツやフランスでは 1974 年，そしてイタリアでは 1975 年に 18 歳に変更されている。また韓国では 2005 年に 20 歳から 19 歳に引き下げられている。他国との比較では，日本での選挙権年齢の引き下げは遅かったと言える。

　政府の人口推計に基づくと，2016 年には約 240 万人が 18 歳か 19 歳となる。みなさんもそのうちの 1 人かもしれない。この 240 万人の若者たちが新たに選挙権を得るわけだが，そのうちどれくらいが投票所に足を運ぶのだろうか。過去の年齢別の投票率を参考にすると，18 歳や 19 歳の有権者の投票率はあまり高くならないことが予想される。**図 C4.1** は過去 17 回の衆院選の投票率を，20 から 29 歳（●線），30 から 39 歳（○線），40 から 49 歳（＊線），50 から 59 歳（×線），60 から 69 歳（▲線），そして 70 歳以上（△線）と年齢別に示している。1990 年の衆院選までは最も若い 20 歳代の有権者の投票率は 50％ を超えていたが，それ以降は 30 から 40％ 台で低迷している。2014 年の衆院選では 20 歳代の有権者の投票率は 32.58％ となり，3 人に 1 人しか投票しなかった。この状況を考えると，10 代の有権者の投票率が 50％ を超えるとは考えにくい。

　なぜ若い有権者の投票率は低いのだろうか。その主な理由は 2 つ考えられる。1 つは，40 代以上の有権者と比較して，20 代や 30 代の有権者が新聞やテレビを通じて政治に関する情報に接する回数が少ないことがある。その結果，そもそも選挙に関心を持たなかったり，あるいは知識が限られていてどの政党や候補者に投票すべきかわからなかったりするため，結果として投票に行かな

図 C4.1 世代ごとの投票率の推移

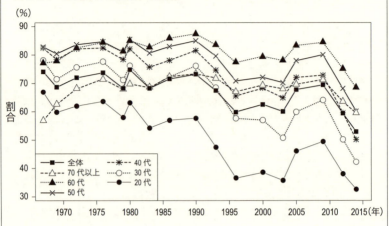

出所：明るい選挙推進協会調査を使って筆者作成。

くなる。もう1つは，自分たちの生活にとって政治が重要だと考えたり，投票を義務だと見なしたりする有権者が，特に若者の間で少ないということがある。政治や投票以外に重要なことがあるので，それらの優先順位は低く，結果として選挙が行われても投票に行かないのである（Blais and Rubenson 2013; Wattenberg 2008）。

ただし，20代のうちの投票率は低くても，年をとるにつれて投票率が上がっていく。例えば1990年代半ばに20代だった有権者は2000年代には30代になるが，図 C4.1 を見ると1993年以降の20代の投票率は50%を下回っている一方で2000年代の30代の投票率は50%を超えている。社会に出て働く時間が長くなり，また結婚や出産を通じて家族が増えることにより，政治が自分の生活と密接に結びつくことに気づくのかもしれない。また年をとるとともに政治に関する知識が増えていくということもあるだろう。

本書で紹介してきた内容を踏まえると，若者の低い投票率は若者の生活に重要な意味を持つ。選挙において棄権することで，多くの若者が自分たちにとって応答性の高い政党や政治家を選ぶ権利を放棄している。一方で，多くの中高年層の有権者は投票を通じて自分たちの望みを実現してくれそうな政治家を毎回の選挙で選んでいる。再選を目指す政治家は，自分たちの再選確率に影響を与える有権者，つまり投票した有権者により大きな注意を払うので，結果として中高年層の有権者が望んでいることを実現することを目指すだろう。若者と中高年層が政治に対して望むことは異なるだろうから，政府の作る政策はどう

しても中高年層を対象としたものが多くなるのである。

先ほども述べたように，今回の選挙権年齢の引き下げで200万人以上の10代の有権者が投票する権利を新たに得る。20代の有権者も合わせれば，その数は1500万人を超える。第4章で述べたように，1人ひとりに選挙結果を変える力はないかもしれない。しかし集団としては大きな力になりうる。投票を通じて自分たちへの政策応答性を高めることを目指すのは，自分たちの生活を変える1つの方法かもしれない。

● **参 考 文 献**

Blais, André and Daniel Rubenson 2013, "The Source of Turnout Decline: New Values or New Contexts?" *Comparative Political Studies*, 46(1): 95–117.

Dalton, Russell J. and Mark Gray 2003, "Expanding the Electoral Marketplace," in Bruce E. Cain, Russell J. Dalton, and Susan E. Scarrow eds., *Democracy Transformed?: Expanding Political Opportunities in Advanced Industrial Democracies*, Oxford University Press, pp. 23–43.

Wattenberg, Martin P. 2008, *Is Voting for Young People?*, Pearson Longman.

—CHAPTER—

終章

有権者は政治を変えられるのか

OVERVIEW

　この章では，ここまでの章で紹介した内容をまとめ，序章で示した
代表民主制における有権者の政治行動に関するさまざまな疑問への解
答を与えていく。

1 はじめに

　本書ではこれまでの政治行動論の研究成果に基づいて，代表民主制における
有権者の政治行動や，その結果を紹介してきた。序章で述べたとおり，有権者
は応答性の高い政治家を選挙で当選させ，反対に応答性の低い政治家を落選さ
せることによって，自分たちの代理人である政治家の行動をコントロールする
ことが可能になる。第1章以降は，こうした理想的な状況がどの程度実現して
いるのか，有権者の意見や知識の形成（第1部），有権者の投票参加と投票選択
（第2部），有権者の意見・参加が与える政策への影響（第3部）の3つの過程に
分けて考えてきた。

　この章では，ここまでの章で紹介した内容をまとめることを通じて，序章で
示した以下の7つの疑問への現時点での解答を示していく。

1. 現代社会における福祉や防衛政策といった重要な争点について，有権者
はどんな意見を持っているのだろうか。また有権者の間に意見の違いがあ
るとすればそれはなぜだろうか。
2. 有権者は政策や政治家について，どの程度の知識を持っているのだろう
か。有権者の間で知識量に差はあるのだろうか。
3. 有権者の政治判断を手助けしてくれるヒントとはいったい何なのか。そ
して，それらがどのようにして知識量の限られた有権者の意思決定を助け
ているのだろうか。
4. どのような特徴を持つ有権者が投票に参加する傾向にあるのだろうか。
そしてそれはなぜだろうか。
5. 選挙において有権者はどうやって投票先の政党や候補者を選んでいるの
だろうか。また，各政党や候補者に関する情報をどこから入手しているの
だろうか。
6. 民意と政策の間に強いつながりは本当に見られるのだろうか。
7. 少数派の有権者に対する応答性を確保するための選挙制度は存在するの

180 ● CHAPTER 終　有権者は政治を変えられるのか

だろうか。それはいったいどのような制度なのだろうか。

　果たして有権者は政府の応答性を維持し、自分たちの望みどおりに政治を変えられるのだろうか。

有権者の行動と政治家・政府の応答性

　第1章「民意の分布と形成」では、代表民主制が機能する大前提としての民意の存在とその分布を検討した。政治家が民意に応答するという限りは、応答されるべき民意が存在している必要がある。つまり、有権者は政策について何らかの意見を持っていなくてはならない。もし仮に有権者が争点について明確に「賛成」「反対」といった意見を持ち合わせていないのであれば、政策形成過程において政治家が有権者の意向を考慮して行動する動機がないからである。

　第1章では政府の規模や安全保障といった争点に関して、有権者は「福祉において政府が大きな役割を果たすことに反対」といった意見や、「防衛力の充実に賛成」といった意見を持つことがわかった。また意見の分布は時代とともに変化する。

　では、どのような場合に有権者はある政策について「賛成」「反対」といった意見を持つようになるのだろうか。第1章によると、特に政府の規模をめぐる政策については、有権者の意見は経済的ニーズを感じるかどうかに左右されることがわかった。例えば福祉政策についての意見は有権者の所得レベルによって分かれる。所得が高い有権者は、重い税負担を嫌い、福祉の充実に反対する傾向がある。一方で所得の低い有権者は、公的扶助に対する必要を強く感じるため福祉の充実に賛成する傾向がある。これが示唆するのは、仮に現在の所得が高くとも、不況や病気による失業などで所得が低くなることによってニーズが変わり、意見が変化するということである。ただし、こうした意見の変化は、必ずしも経済的ニーズだけが原因ではない。価値観の変化もその1つの原因である。例えば就業機会においてそれまで不平等な扱いを受けていた女性は、

権利に対する意識に目覚めることにより，男性と対等な権利を要求する必要を認め，現状の政策に異議を唱えるようになるかもしれない。これらのニーズや価値観の変化によって，民意が大きく動いたとき，選挙で当選することを目指す政治家はその民意の動きに政策で対応する動機を持つ。

　特定の政策意見を持つ有権者は，その政策を実現するべく，選挙において自らの代理人としてふさわしい候補者を選ばなければならない。しかし**第2章「有権者の政治知識と判断」**で見たとおり，多くの有権者は主要な政治家や政治制度など，基本的な政治的事柄について十分な知識を持ち合わせていない。有権者の知識量が限られているのであれば，ある政策への賛否を決める際に，そもそもその政策の内容を十分に理解した上で判断を下していないかもしれない。また，選挙のときには，複数の選択肢の中から自分の望みを実現してくれそうな政党や政治家を選び出すことができないかもしれない。

　とはいえ，現実的に考えれば有権者が政治について十分な知識を持つことはなかなか容易なことではない。なぜなら，複雑な現実の政治を理解するにはかなりの時間的，認知的なコストがかかるが，その割に自分は選挙ではあくまで1票の政治的影響力しか持たないからである。それならば，いっそ政治に無関心でいることのほうが理に適っている。できれば長期的な視野に立って自分の意見を代弁してくれる候補者に投票したいが，そうするには短期的な労力があまりにも大きいのである。

　そこで有権者が利用するのが，党派性やイデオロギーといったヒューリスティクスである。**第3章「党派性とイデオロギー」**では，政治的知識量が少ない有権者でも，党派性やイデオロギーを持つ場合には，そうでない場合と比べて，政党の政策位置を正しく認識できることを説明した。十分な政治知識がなくとも，党派的・イデオロギー的対立の中に，自分自身および政党やその候補者を位置づけることで，複数の政党や政治家のうちで誰が最も自分の意見を良く代弁してくれそうかを判断できるようになる。

　しかし，有権者が自らの意見を持ち，政党や候補者の政策立場を認識したとしても，実際に選挙に参加しない限りはその意見が政治に反映されることはない。にもかかわらず**第4章「投票参加」**で見たように実際には選挙で投票しない有権者の割合は高く，またその割合は年々増加傾向にある。第4章による

182 ● CHAPTER 終　有権者は政治を変えられるのか

と，政治知識量が多い，教育程度が高い，年齢が高いなどの属性を持つ有権者ほど投票する傾向にあった。これは情報収集コストが投票参加に関係していることを示唆する。すなわち，第2章の内容とも関係して，複雑な政治を前に，どの政党・候補者が何を主張しているのか，どの政党・候補者が自分の意見を代弁してくれるのかがわからず，投票の利益を見出しにくい有権者ほど投票しないのである。また第3章の内容と関連して，年々投票率が下がっているのは，支持する政党やイデオロギーを持たないため，それらを複雑な政治を単純に理解するためのヒューリスティクスとして利用できず，政治に自らの利益を見出せない有権者が増えていることも原因の1つであると考えられる。

　投票することを決めた有権者は，自分の意見を代弁してくれると考えられる「お目当て」の候補者がいるはずである。有権者はどのようにしてこの「お目当て」の候補者を選ぶのか。**第5章「投票選択」**によると，有権者は支持政党，政策争点，候補者属性，過去の業績という点を考慮して候補者を選んでいる。自分の要望に応えてくれる可能性の高い候補者を選ぶために，支持する政党がある有権者は，それを手がかりにするし，知識を豊富に持つ有権者は自分と政党・候補者との政策意見を照らし合わせる。また，とりわけ同じ政党の候補者が複数いる場合，候補者個人の能力が有権者の選択において意味を持つことになるだろう。あるいは，政策意見に関係なく誰の生活にとっても重要な経済状態を改善させた政党・候補者ほど，今後も自分の要望に応えてくれると考える有権者もいる。

　第5章までの議論から，代表民主制下の有権者にとって情報というものがいかに重要なのかがよくわかる。自分の意見のより良き代弁者を見つけるためには，有権者は候補者や政策についての情報を必要とする。そしてその情報をどれだけ入手できるかは，有権者を取り巻く情報環境に大きく依存する。

　第6章「選挙と情報」では，選挙キャンペーン，メディア，社会的ネットワークが有権者の情報源となること，そしてそれらが有権者の学習や行動に影響を与えることが示された。これらの情報源は，とりわけ政治について関心の低い有権者や，党派的・イデオロギー的世界観に基づく態度が確立されていない有権者の意見形成や行動に大きな影響を与える。特に無党派層が増えている昨今において，キャンペーン，メディア，社会的ネットワークから得られる情

② 有権者の行動と政治家・政府の応答性　● 183

報は，有権者の投票参加や投票選択に重要な意味を持つだろう。

　有権者が選挙に参加し，候補者や政党の選択を行うことで，有権者の意見が政府へと「入力」される。では有権者による政府への「入力」は，政府からの「出力」としての政策とどのように連動しているのであろうか。また，その政策の結果は有権者の次の「入力」つまり選挙での投票選択とどのように関連しているのであろうか。これらは代表民主制における政府の応答性の程度を知るためには避けることのできない問いである。

　第7章「民意と経済」では，有権者の間で好ましい状態について合意が存在する結果としての景気に注目し，景気の良さは選挙結果にどのような影響を与えるかを確かめた。それによると，日本とアメリカでは好景気を達成した与党，すなわち好景気を望む有権者の意向を実現できた与党ほど，選挙において得票率を伸ばす傾向があることがわかった。また，景気の良さが得票につながることを知る与党は，選挙前に景気対策を実施する動機を持つ。実際，選挙周期に合わせて経済成長率，失業率，物価上昇率などが変化する。有権者の望みに合わせて与党が景気対策を実行するという関係は，政府の政策応答性の高さを意味する。しかしその一方で，有権者は経済の実態を正確には知ることができないことが多いので，見せかけの景気に騙されて与党に投票してしまう可能性もある。もし有権者が常に見せかけの景気に騙されるのであれば，政治家は有権者を「だます」ようになるかもしれないし，また有権者は選挙を通じて応答性の高い政府や政治家を選ぶことができなくなる。

　そして，**第8章「民意と政策」**では，有権者の間で賛成・反対の意見が分かれる福祉や防衛といった政策分野において，どのような場合に政治家はより有権者の意見を反映した政策を実施するのかを論じた。第8章によると，選挙に勝つことを目指す政党や政治家は選挙区の中位投票者の意見を公約として提示する可能性が高い。中位投票者の意見の変化に合わせて，政党や政治家は自らの立場を変化させる。また有権者と政党・政治家の意見の一致度は政策分野により異なる。政党や政治家は，有権者が重要だと見なし，政治家が選挙結果に直結すると認識する政策分野ほど，有権者の要望の増減に応じて政策を変化させる傾向にある。

　最後に，**第9章「選挙制度の影響」**では，選挙制度の違いによって有権者

184 ● CHAPTER 終　有権者は政治を変えられるのか

による政府への「入力」の結果が異なることを論じた。特に，選挙区定数の違いの役割が大きい。選挙区定数は集計における機械的効果，そして有権者や政党に対する心理的効果の結果を通じて有権者や政党・候補者の行動に影響を及ぼす。選挙区定数が複数の比例代表制と比較して，定数が1の小選挙区制では有権者の投票率が下がる，候補者数や政党数が減る，そして政治家によって代表される政治的意見の多様性が小さくなることが示された。これらの結果は，比例代表制に比べて小選挙区制では少数派の意見が代表されにくいことを示しており，小選挙区制のほうが代表民主制の理念を実現する上で劣った制度であると示唆しているように見える。

　しかし，政治では有権者の意見を最終的には1つの政策として集約する必要があることを考えれば，両制度の違いは意見を有権者レベルで集約するか，それとも議会レベルで集約するかの違いであるとも言える。小選挙区制で選ばれた議会ではすでに意見が集約され，多数派が形成されていることが多いため，迅速な政策決定ができ，またその政策実施の責任帰属が明確であるという点で利点がある。つまり，小選挙区制と比例代表制は，民意の議会への正確な反映と責任帰属の明確さとの間でトレードオフの関係にあり，一長一短であるということが言える。よって選挙制度を選択する際には，どちらの利点を重視するかが重要になる。

③　代表民主制と有権者

　序章から第9章までの内容を振り返って言えることは，代表民主制がうまく機能するかどうかは，有権者の行動次第だということである。正確な現状認識と豊富な知識に基づいて意見を形成し，有権者が誰がその意見を代表してくれるのかを理解し，選挙での投票を通じて自分にとって最善の政党・候補者を選ぶことができるのであれば，政治家は有権者の望みを実現する動機を持つ。しかしそれができないのであれば，政治家は有権者のことを考慮せずに物事を決めていく。その意味で，代表民主制において有権者は重大な責任を負っている。

　ただしここで1つ強調しておきたいのは，ある時点で自分に対する政府の応

答性が低くても，それが代表民主制の機能不全を意味しないということである。序章や第8章で説明したように，多くの政策争点では「すべての有権者の声を反映した政治」を実現するのは非常に難しい。というのも，有権者の意見は多様であり，政府がどのような政策を実行しようとも全員にとって満足のいく結果にはならないのである。日本の代表民主制では多数派の意見が優先される制度に基づいた決定がなされるので，ある時点では多数派に対する政府の応答性が高く，少数派に対する応答性は低くなる。

　では，少なくとも多数が望むことに対する政府の応答性を高め代表民主制を機能させるためには何が必要なのだろうか。それは何よりも有権者が情報を収集し，それを理解する能力を向上させ，そして政府が情報環境の整備を行うことである。そのためには例えば，政府，政党，マスメディアには有権者に対する正確な情報の提供が求められるし，政治の仕組みや権利についての有権者教育，インターネットを通じての情報公開などが不可欠である。

　だが，ここでみなさんには考えていただきたい。本当にこのような「月並み」な耳当たりの良い結論で良いのであろうか。この種の解決策は大昔から提案されては十分に実現してこなかったものである。情報公開が進み，インターネットが発達し，果たして有権者は賢くなったのであろうか。代表民主制の質が向上したであろうか。

　答えはおそらく否である。なぜなら，このような解決策を本気で実行する動機を持つ者は，有権者自身を含めて基本的に存在しないからである。有権者が求めるのは必ずしも真実ではない。多くの有権者，とりわけ戦後の多くの日本の有権者は，政治のことを真剣に考えなくても，理解できなくても何とかやっていけることを経験上理解している。それならなぜ今さら労力をかけて政治のことを理解する必要があるのだろうか。一方，政治家や政府の側としても，有権者がそうである以上，正確な情報を有権者に提供する動機を持たない。むしろ，政治家や与党はそれによって有権者から「罰」を受けない限りにおいて，自分たちが次の選挙で有権者の信任を得るのに都合の良い情報を流そうとするであろう。

　また，政治における当事者は，何も有権者と政治家だけではない。特定の政

策について強い利害を持つ企業，労働組合，宗教団体などの利益団体は一般の大多数の有権者よりも熱心に政治家や政府の言動を注視し，その評価によって政治献金や選挙における人的支援を通じて，選挙結果に影響を与える。また利益団体は，マスメディアを通じて一般有権者の意見にも影響を与えようとする。政治家が一般有権者の声よりもこれらの利益団体の声に耳を傾けても不思議はない。つまりこれらのことは，有権者について何らかの理想像を描き，それを実現するために解決策を提案するよりは，政治家や利益団体は自己の利益を追求し，有権者は政治的に無知でありさまざまな情報に影響を受けるということを前提にして制度を設計する必要があるということを意味する。そうしてできあがった政治制度こそが，まさにわれわれが本書で論じてきた代表民主制である。

　歴史を振り返ると，代表民主制は，有権者の理性を信じる一方で，知識があまりなく感情に流されやすい大衆としての有権者を想定して設計された仕組みであると言える。アメリカ合衆国では，有権者の同意に基づく統治という考えのもと，建国初期より政府の権力濫用による人々の権利の侵害など，中央政府への懐疑が強かった。その一方で，情熱や私利にまみれた大衆と，それを利用するエリートの派閥間の争いによって政府が直接影響を受け，社会の多数派が少数派を弾圧したり，政府の判断に誤りが起きたりすることが危惧されていた。これらの背景に基づいて，世界で初めてアメリカで成立したのが選挙による大規模な代表民主制である。アメリカの第16代大統領リンカーンの有名な言葉である，"Government of the people, by the people, for the people" は，人民が自らのために自らを「統治」しなければならないという厳しい理念の表明である。そして人民が「愚かな自分たち」を統治するために「雇った」のが，その能力を持ったエリートたる政治家である。

　代表民主制では，有権者が政治家に委任し政治家に裁量を与える代わりに，政治家はその結果に対する責任を取ることが期待されている。本書が示してきたように，それが実際に実現しているかどうかはわからない。それを理念どおりに実現するためには有権者はもっと賢くならなくてはならないからである。しかし同時に強調すべきは，有権者の知識量が限られるという現実を考えると，代表民主制においてエリートとしての政治家にも重大な責任があるということ

である。もし主権者としての自覚を有権者に促すだけならば、代表民主制の理念からして本末転倒である。有権者の権利ばかりを強調し、エリートではなく大衆に最終決定権を委ねようとする主張は、感情や私利に左右される有権者の意思を盾に自らの利益を追求する扇動的なポピュリストのいわば常套手段であり、それは政治家の無責任にもつながりうる。代表民主制においては、悪い政治的帰結に対して「それは結局、有権者が選んだことだ」では済ますことはできない。現代の代表民主制において、日本の敗戦のときのような「一億総懺悔」の政治家無責任は許されない。政治が上手くいっていないのであれば、有権者ともに有権者の代表である政治家にも重い責を負わせることが代表民主制の本質ではないだろうか。そのためには、能力の高い政治家が立候補し選ばれること、政党や政治家が政策立場の違いを明確に示す動機を持つこと、そして政府与党や政治家が責任や業績を明確に示すこと、これらを可能にする制度設計が求められる。

　いずれにせよ代表民主制とは何か、そこでの有権者の役割は何かについて、その制度を今後どのように変えていくべきか、われわれは改めて考える必要がある。そのきっかけとなるべく本書は書かれた。

読書案内

　以下に，本書の内容についてさらに理解を深めるためのテキストを紹介する。また意欲のある方はぜひ各章末の参照文献リストにある英語文献も手にとってほしい。

全体に関わるもの

- 伊藤光利・田中愛治・真渕勝『政治過程論』有斐閣，2000年。
- 川人貞史・吉野孝・平野浩・加藤淳子『現代の政党と選挙〔新版〕』有斐閣，2011年。
- 砂原庸介・稗田健志・多湖淳『政治学の第一歩』有斐閣，2015年。
- 山田真裕・飯田健編著『投票行動研究のフロンティア』おうふう，2009年。

序章　政治行動論とは

- 斉藤淳『自民党長期政権の政治経済学——利益誘導政治の自己矛盾』勁草書房，2010年。
- 待鳥聡史『代議制民主主義——「民意」と「政治家」を問い直す』中央公論新社，2015年。
- Bruce Bueno de Mesquita and Alastair Smith, *The Dictator's Handbook: Why Bad Behavior is Almost Always Good Politics*, Public Affairs, 2012.（四本健二・浅野宜之訳『独裁者のためのハンドブック』亜紀書房，2013年）

第1章　民意の分布と形成

- 善教将大『日本における政治への信頼と不信』木鐸社，2013年。
- Donald R. Kinder, "Opinion and Action in the Realm of Politics," in Daniel T. Gilbert, Susan T. Fiske, and Gardner Lindzey, eds., *The Handbook of Social Psychology*, 4th ed., Oxford University Press, 1998.（加藤秀治郎・加藤祐子訳『世論の政治心理学——政治領域における意見と行動』世界思想社，2004年）
- NHK放送文化研究所編『現代日本人の意識構造〔第八版〕』NHK出版，2015年。

● 189

第2章　有権者の政治知識と判断

- 境家史郎『政治的情報と選挙過程』木鐸社，2006年。
- Arthur Lupia and Mathew D. McCubbins, *The Democratic Dilemma: Can Citizens Learn What They Need to Know?*, Cambridge University Press, 1998.（山田真裕訳『民主制のディレンマ——市民は知る必要のあることを学習できるか?』木鐸社，2005年）

第3章　党派性とイデオロギー

- 蒲島郁夫・竹中佳彦『イデオロギー』東京大学出版会，2012年。
- 三宅一郎『政党支持の分析』創文社，1985年。

第4章　投票参加

- 荒井紀一郎『参加のメカニズム——民主主義に適応する市民の動態』木鐸社，2014年。
- 蒲島郁夫『政治参加』東京大学出版会，1988年。

第5章　投票選択

- 谷口尚子『現代日本の投票行動』慶応義塾大学出版会，2005年。
- 三宅一郎『選挙制度変革と投票行動』木鐸社，2001年。

第6章　選挙と情報

- 池田謙一『転変する政治のリアリティ——投票行動の認知社会心理学』（変動する日本人の選挙行動4）木鐸社，1997年。
- 蒲島郁夫・竹下俊郎・芹川洋一『メディアと政治〔改訂版〕』有斐閣，2010年。

第7章　民意と経済

- 井堀利宏・土居丈朗『日本政治の経済分析』木鐸社，1998年。
- 三宅一郎・西澤由隆・河野勝『55年体制下の政治と経済——時事世論調査データの分析』木鐸社，2001年。

第8章　民意と政策

- 大村華子『日本のマクロ政体——現代日本における政治代表の動態分析』木鐸社，2012年。
- 小林良彰・岡田陽介・鷲田任邦・金兌希『代議制民主主義の比較研究——日米韓3

ヶ国における民主主義の実証分析』慶應義塾大学出版会，2014年。

第9章　選挙制度の影響

- 粕谷祐子『比較政治学』ミネルヴァ書房，2014年。
- 坂井豊貴『多数決を疑う――社会的選択理論とは何か』岩波書店，2015年。
- 建林正彦・曽我謙悟・待鳥聡史『比較政治制度論』有斐閣，2008年。

本書で用いた主なデータの説明

日本のデータ

《有権者・有権者に関するデータ》

- 明るい選挙推進協会による国政選挙後の全国意識調査【第3, 9章で利用】：公正選挙の促進や投票率の向上など，選挙に関する啓蒙活動を行っている「明るい選挙推進協会（明推協）」による全国規模の意識調査。各調査は，全国から層化二段無作為抽出法によって抽出された20歳以上の男女3000人を対象に実施されている。調査結果は集計値として公表されており，明推協のホームページより閲覧・利用することができる。(http://www.akaruisenkyo.or.jp/060project/066search/)

- JES調査（JES IからJES IV）およびJABISS調査シリーズ【第1, 2, 5, 6章で利用】：日本の政治学者が国政選挙前後に定期的に実施してきた学術的な世論調査。正式名称は「日本人の選挙行動調査・Japanese Election Study」，JABISS調査は「日本人の政治意識と行動調査」という。これらの調査においては，同じ設問が繰り返し使用されてきたことにより，有権者の意識，態度，認知，行動の推移を調べることが可能。各調査は，全国から層化二段無作為抽出法により抽出された20歳以上の男女約1500人から3000人程度を対象に実施されている。なお，1976年のJABISS調査，1983年，86年，90年のJES I調査については，データを購入する手続きが必要である。

- 時事世論調査【第3章で利用】：時事通信社が1960年6月から毎月実施してきた世論調査。主な調査項目は，内閣への支持，各政党への支持，暮らし向き・物価・景気への評価，好きな国と嫌いな国などからなる。内閣支持率，与党支持率の月ごとの集計データが，時系列のデータ分析に利用されてきた。集計値は，時事通信社・中央調査社編『日本の政党と内閣——時事世論調査による分析』（全2巻，日本図書センター，2013年）や『時事世論調査特報』から入手可能である。

- 内閣府（旧総理府）による「国民生活に関する世論調査」【第8章で利用】：内閣府（旧総理府）が1954年から毎年実施してきた世論調査。各調査は，全国から層化二段無作為抽出法による抽出された20歳以上の男女2500人（1954年度）から10000人（2014年度）を対象に実施されている。集計値を内閣府のホームページから閲覧・利用することができる。(http://survey.gov-online.go.jp/indexko.html)

- Waseda-CASI&PAPI2007 調査【第4章で利用】：正式名称は，早稲田大学 21世紀 COE-GLOPE「日本人の社会意識に関する世論調査」という。調査では従来の紙による面接法（PAPI: Paper-and-Pencil Interviewing）とパソコンを利用した CASI 法（コンピューター支援型自記式調査：Computer Assisted Self-Interviewing）が用いられた。CASI では，調査者が調査票の内容がプログラミングされたノート型のコンピューターを回答者に手渡し，回答者は，回答を直接コンピューターに打ち込む。調査員が回答者に端末を渡すことによって，郵送調査や留置き調査による回収率の低下を防ぐことができる。また回答者は，誰にも回答の内容を見られることなく入力することができるので，面接調査に伴う回答の歪みが起こりにくいとされる。Waseda-CASI&PAPI2007 調査は，2007年の参議院選挙の前後の2波（回）にわたり，全国から層化二段無作為抽出法によって抽出された20歳以上の男女約3000人に対して行われたパネル調査である。「東京大学社会科学研究所附属社会調査・データアーカイブ研究センター（SSJDA）」よりデータ利用の申し込みをすることができる。(http://ssjda.iss.u-tokyo.ac.jp/gaiyo/0771g.html)

- Waseda-CASI2010 調査【第3章で利用】：正式名称は，早稲田大学・読売新聞共同実施「日本人の社会的期待と選挙に関する世論調査」という。CASI 法が用いられた Waseda-CASI2010 調査は，2010年の参議院選挙の前後の2波（回）にわたり，全国から層化二段無作為抽出法によって抽出された20歳以上の男女3000人に対して行われたパネル調査である。東京大学社会科学研究所附属社会調査・データアーカイブ研究センターよりデータ利用の申し込みをすることができる。(http://ssjda.iss.u-tokyo.ac.jp/gaiyo/0774g.html)

《その他のデータ》

- 東京大学（蒲島＝）谷口研究室・朝日新聞共同調査【第5,6,8,9章で利用】：東京大学大学院法学政治学研究科の谷口将紀研究室と朝日新聞社が共同（2005年までは蒲島郁夫研究室も参加）で，2003年衆議院選挙からの国政選挙ごとに実施している有権者と政治家・候補者を対象とした調査。有権者に対しては，層化二段無作為抽出法で抽出された全国の20歳以上の男女3000人を対象に，郵送法による調査が行われている。政治家調査は，国政選挙後に，各国政選挙の候補者に対して主に郵送法によって実施されている。有権者と政治家・候補者の選挙区を特定することが

本書で用いた主なデータの説明 ● 193

できるので，選挙区の中での有権者と政治家の政策選好の関係の分析などにも応用
できる。データは谷口将紀研究室のホームページより閲覧・利用することができる。
(http://www.masaki.j.u-tokyo.ac.jp/utas/utasindex.html)

- 総務省統計局・日本の長期統計系列【第4,7,8章で利用】：総務省が公表してい
  る社会・経済・政治・文化に関わる多様な時系列データ。世論に関する時系列のデ
  ータと組み合わせて用いることによって，有権者の期待と実際の政策との関係を分
  析することが可能。データは，総務省のホームページより閲覧・利用することがで
  きる。(http://www.stat.go.jp/data/chouki/mokuji.htm)

国際的なデータ
《有権者に関するデータ》
- American National Elections Studies (ANES)【第5章で利用】：ミシガン
  大学（および現在はスタンフォード大学）を中心として全米の有権者を対象に，
  1948年から実施されてきた調査。2012年の大統領選挙前後の調査では，約2000人
  の回答者がCASI法による面接調査で，約3000人の回答者がインターネット調査
  により回答し，それらを組み合わせたデータが公表されている。(http://www.
  electionstudies.org/index.htm)

- International Institute for Democracy and Electoral Assistance (International IDEA)【第4章で利用】：世界的な民主主義と選挙に関する支援活動を行
  う International IDEA が公表している選挙に関する集計データ。本書では，第4章
  において，投票率に関するデータが用いられた。(http://www.idea.int/resources/databases.cfm)

- International Social Survey Programme (ISSP)【第1章で利用】：1985年
  から実施されている，世界53か国が参加する有権者に関する国際共同調査。年度
  ごとに，政府の役割，社会的ネットワーク，社会的平等，宗教，環境，ナショナ
  ル・アイデンティティ，市民権，健康など，調査の内容が変わることが特徴である。
  本書では，第1章において，2006年に実施された「政府の役割」に関するデータが
  用いられた。(http://www.issp.org/index.php)

- World Value Survey (WVS)【第4章で利用】：1981年から毎年度実施されて
  いる，世界60か国以上が参加する有権者への社会意識・価値観に関する調査。

2005 年以降であれば，各国の有権者に対する 200 以上の設問への回答が利用できる。ホームページより，調査年度，調査対象国，設問を選択することで，変数を生のデータ（raw data）で入手できるだけではなく，集計値，時系列での推移も閲覧することができる。(http://www.worldvaluessurvey.org/wvs.jsp)

《その他のデータ》

- Manifesto Project（MP）【第 8 章で利用】：1960 年からの世界 50 か国あまりの政党の公約を数量化したデータ。50 あまりの政策分野において，政党がどれだけの文言を割いているのかを表す割合値をもとにした変数。以前は，主に，「Comparative Manifesto Project（CMP）」データと呼ばれていた。Manifesto Project のホームページより，簡単な登録を通して，データを閲覧・利用することができる。(https://manifestoproject.wzb.eu/)

- 中位投票者の選好に関するデータ（Kim and Fording's 1998）【第 8 章で利用】：先進民主主義国における，おおよそ真ん中に位置する有権者（median voter）の政策選好を数値化したデータ。1960 年からの値が計算されている。算出の手順は容易ではないが，ホームページから関連の論文も合わせて閲覧することができるので，参考にしながら利用してほしい。(http://myweb.fsu.edu/hkim/data.html)

本書で用いた主なデータの説明 ● 195

索　引

● あ 行

意見（opinion）　7, 19, 20
意見形成　28
意見変化　116, 118
イデオロギー　52, 55, 62, 100
イデオローグ　63
イングルハート（Ronald F. Inglehart）
　32
ヴァーバ（Sidney Verba）　88
SNS　→ソーシャル・ネットワーキング・サ
　ービス
大きな政府　22, 63
オードシュック（Peter C. Ordeshook）
　79

● か 行

外集団（out-group）　31
回答率　36
学習（learning）　119
革新主義　63
過去の業績　95
価　値　4, 5
価値感　19, 29, 30, 47
　基礎的な――（core values）　30
　脱物質主義的な――　32
　物質主義的な――　32
カーティ（Carty Kenneth）　167
加齢効果　68
議院内閣制　133
機械的効果　163
キム（Heemin Kim）　152
キャンベル（Angus Campbell）　95
業績評価投票（retrospective voting）　105,

107
グレイ（Mark Gray）　175
経済的個人主義　30
経済的ニーズ　19, 29
経済投票（economic voting）　105, 129
　個人志向の――（pocketbook voting）
　105
　社会志向の――（sociotropic voting）
　105
計算記録（running tally）　57
決定の過程　7
限定効果論（minimal effect model）　115,
　122
候補者特性　102
候補者の属性　95
個人的要因　29
古典的自由主義　63
個別接触（particularized contact）　88
コンバース（Philip E. Converse）　55, 63

● さ 行

ザラー（John Zaller）　116
支持政党　95
時代効果　69
質問主意書　142
市民オンブズマン団体　141
市民活動（communal activity）　88
社会化　31
社会環境的要因　29
社会経済的属性（socio-economic status：
　SES）　81
社会的ネットワーク　110, 112, 116, 122
集団帰属意識　30
受容（acceptance）　116
小選挙区制（single-member district）　7,

166
情報獲得コスト　112
情報公開制度　141
情報収集コスト　54, 64, 80
情報提供者　51
情報の非対称性　135, 139, 158
心理的効果　163
政　策　6
政策応答性　8, 9, 10
政策決定　6
政策争点（policy issue）　95, 97
政　治　2, 4
政治家　6, 51
政治行動論　2, 3
政治参加（political participation）　75
政治知識　39
　　——の獲得　48
政治知識量の差　48, 50
政治的景気循環　136
政治的準拠集団　57
政治的目標　51
政治的リーダー　51
政治判断　51
政　党　6
政党帰属意識（party identification）　56, 57
政党支持態度　57
政党の政策位置　152
政府の規模　21
政府与党　6
世代効果　68
接触（reception）　116
説得効果　119
選　挙　6, 10
選挙活動（campaign activity）　88
選挙キャンペーン　110, 111
選挙区定数　164, 166
選挙制度　7, 14
選別的接触　116
戦略投票（strategic voting）　164, 169
争点投票（issue voting）　97, 150

ソーシャル・デザイアビリティ・バイアス
　　（social desirability bias）　37
ソーシャル・ネットワーキング・サービス
　　（SNS）　125

● た　行

大選挙区制（multi-member district）　166
態度（attitude）　20
大統領制　133
代表民主制　5, 19
　　——における決定の過程　6
代理人　6
ダウンズ（Anthony Downs）　79, 84
多数代表（majoritarian representation）
　　166
脱イデオロギー化　67
ダルトン（Russell J. Dalton）　175
小さな政府　22, 63
中位投票者　147
中選挙区制　167
中選挙区単記非移譲式投票制（中選挙区制）
　　102
党派性　52, 55, 116
投　票　13
投票外参加　87
投票から得られる利益　79
投票参加　13
投票参加に関わる意思決定　79
投票参加のコスト　76
投票しないパラドックス（the Paradox of
　　Not-Voting）　85
投票選択　13, 92, 95
投票のコスト　80

● な　行

内集団（in-group）　31
ニーズ　47
ネット選挙運動　125

索　引　● 197

● は 行

排外主義的態度　31
非態度　63
ヒューリスティクス　54
平等主義　30
標　本　35
　――の代表性　36
比例代表（proportional representation）
　166
比例代表制　166
フィオリーナ（Morris P. Fiorina）　57, 95
フォーディング（Richard C. Fording）
　152
ブレイス（André Blais）　167
母集団　35
保守主義　63
ボルダ集計　162

● ま 行

マカビンズ（Mathew D. McCubbins）　51
マスメディア　110, 111
ミシガン学派　56
ミシガン・モデル　95
三宅一郎　58
民意（public opinion）　7, 20

　――の分布　19
無作為抽出　36
無党派層　67

● や 行

有権者　3, 4, 5
　――の意見　12
　――の政治知識　13
有効政党数（effective number of parties）
　169
誘発効果（priming）　119
良い政府（good government）　107
世論調査　21, 35

● ら 行

ライカー（William H. Riker）　79
ラザーズフェルド（Paul Lazarsfeld）　115
利益団体　51
利益誘導政治（pork-barrel politics）　103
リベラリズム　62
ルピア（Arthur Lupia）　51

● わ 行

悪い政府（bad government）　107

政治行動論──有権者は政治を変えられるのか
Political Behavior: How Voters Can Change Politics

2015年12月20日 初版第1刷発行

著 者	飯　田　　　健
	松　林　哲　也
	大　村　華　子
発行者	江　草　貞　治
発行所	株式会社　有　斐　閣

郵便番号 101-0051
東京都千代田区神田神保町 2-17
電話(03)3264-1315〔編集〕
　　(03)3265-6811〔営業〕
http://www.yuhikaku.co.jp/

印刷・株式会社理想社／製本・大口製本印刷株式会社
© 2015, Takeshi Iida, Tetsuya Matsubayashi, Hanako Omura. Printed in Japan
落丁・乱丁本はお取替えいたします。
★定価はカバーに表示してあります。
ISBN 978-4-641-15029-4

[JCOPY] 本書の無断複写(コピー)は、著作権法上での例外を除き、禁じられています。複写される場合は、そのつど事前に、(社)出版者著作権管理機構(電話03-3513-6969、FAX03-3513-6979、e-mail：info@jcopy.or.jp)の許諾を得てください。